시골빵집에서 균의 소리를 듣다

시골빵집에서
균의 소리를 듣다

《시골빵집에서 자본론을 굽다》 이후 8년, 더 깊어진 성찰과 사색

와타나베 이타루·와타나베 마리코 지음 | 정문주 옮김

더숲

　친애하는 한국 독자 여러분. 안녕하세요? 와타나베 이타루의 아내 와타나베 마리코입니다.

　2019년 가을 서울을 방문한 뒤, 벌써 2년이나 한국에 가지 못해 무척 아쉬웠습니다. 저희 부부는 얼마 전 새 책을 출간했습니다. 그리고 그 책이 한국에서 또 번역되어 출간된다고 하니 얼마나 기쁜지 모르겠습니다.

　2013년 일본에서 《시골빵집에서 자본론을 굽다》가 출간됐을 때만 해도 한국에서 베스트셀러가 될 줄은 아무도 예상하지 못했습니다. 마르크스의 《자본론》을 실천하는 제빵 장인의 이야기라고 내놓았지만, 저희는 학자도 직업 작가도 아니었습니다. 경험이 일천한 일개 시골 빵집 주인이었지요. 망망대해에 내던져진 것처럼 불안했지만, 미디어 취재와 강연 활동을 힘닿는 대로 해내면서 필사적으로 세상의 기대에 부응하고자 몸부림쳤습니다. 지난 8년을 새삼 돌이켜보면, 저희를 이렇게까지 키워준 공은 그 누구보다 한국 독자 여러분께 있다고 생각합니다.

2015년 가을, 더숲출판사의 초청으로 서울을 방문해 여러 언론의 취재를 받으며 독자 여러분과 만났습니다. 그때의 열기를 잊을 수가 없습니다! 정말 많은 분이 《시골빵집에서 자본론을 굽다》를 열심히 읽어주셨다는 걸 알았지요. 그런데 당시 저희는 너무나 무지했고, 생각하면 부끄럽기 짝이 없습니다. 한국의 역사와 문화에 대해 잘 모르고 한국을 방문했는데도, 저희에게 마음을 다해주신 데 대해 다시 한 번 감사드립니다.

그때부터 매년 아이들과 함께 서울을 찾았습니다. 우리 가족의 가장 큰 관심은 역시 음식입니다. 외식은 물론 식재료를 사서 숙소 주방에서 요리해 먹은 일들은 아주 즐거운 추억으로 남아 있습니다. 서울에서 놀란 것은 양질의 유기농 식재료를 어디서든 살 수 있다는 점입니다. 특히 고기나 유제품 등의 유기농 축산물은 일본에서는 거의 구할 수 없는데, 서울에서는 일반 슈퍼마켓에서도 팔고 있어 놀랍고 부러웠습니다. 게다가 특별한 레스토랑이 아니어도 식재료를 정성껏 요리한 가정식을 제공하는 곳이 많았고, 일본보다 전통적인 식문화가 많이 남아 있다는 점이 인상적이었습니다.

딸 모코는 중학생이 되고부터는 BTS의 열렬한 팬이 되어 한국에 큰 관심을 두기 시작했습니다. 지금은 고등학교 1학년인데 대학생이 되면 한국에 유학하겠다는 꿈을 안고, 날마다 한국어 공부에 열심히 빠져들고 있답니다.

그 아이 덕분에 저희 부부도 한국의 영화, 드라마, 소설을 즐기게 되면서 그제야 저희의 무지를 알게 되었지요. 일제강점, 독립투쟁,

6·25전쟁, 광주민주화운동. 많은 희생이 치르면서도 한국인들은 시민운동으로 민주화를 이루었다는 사실, 그리고 촛불혁명을 통해 시민의 민주 의식이 일본보다 훨씬 높다는 사실을 깨닫게 되었습니다.

일본이 한국에게 했던 일, 우리 일본인이 역사적 사실을 의도적으로 알리지 않고 있다는 사실을 부끄럽게도 몇 년 전에 알았습니다. 하지만 그 덕에 세계를 여러 입장과 각도에서 포착해야 할 필요성을 절감했고 그것은 이 책을 쓰는 태도에도 크게 영향을 미쳤다고 생각합니다.

같은 세대의 한국 친구들이 어머니 세대는 김치를 담그지만, 젊은 세대는 담그지 않는다고 알려주었습니다. 그 말을 듣고 저는 이렇게 대답했습니다.

"아, 일본과 한 세대 정도 차이가 나네요. 우리는 할머니 세대는 배추절임을 만들었는데 어머니 세대는 만들지 않았거든요."

이번 책은 저희 부부가 겪어낸 전통 기술과 육아의 신체화, 즉 '머리가 아니라 몸으로 부딪혀 실현하기'에 관한 이야기입니다. 집필 과정에서 저는 절임이라는 발효 문화를 통해 일본에서는 한 세대 정도 앞서 사라진 신체화의 문화가 한국인에게는 아직 남아 있다고 느꼈습니다. 물론 현대 자본주의의 폐해는 한일 공통의 사회문제지만, 그래도 일본인은 이미 잃어버린 소중한 보물이 한국인에게는 아직 남아 있을지도 모른다는 생각이 듭니다.

이제 새로운 책을 여러분 앞에 내놓습니다. 어떤 반응일지 기대됩니다. 우리 가족 모두 다시 한국을 찾을 날을 손꼽아 기다리겠습니다.

시골빵집에서 균의 소리를 듣다

파괴가 아닌
공존의 삶을 찾아서

사람이 목숨을 유지하려면 자기 외의 존재를 파괴할 수밖에 없을
까? 다른 이를 망가뜨리지 않고 공존하는 방법은 없을까? 그 답을 찾
기 위해 지난 인생을 되돌아보며 이 책을 쓴다.

나는 돗토리현 깊은 산속에 자리 잡은 마을 지즈초(초町는 일본 기초
자치단체의 하나. 동네, 마을, 길거리, 시가지 정도를 뜻한다-옮긴이)에서 빵
과 맥주를 만들고 '다루마리'라는 가게를 꾸리며 살고 있다. 빵과 맥
주는 균을 발효시켜 만드는 발효식품이다. 나는 그 발효균에 빠져들
어 이곳 지즈초까지 흘러왔다. 그리고 지즈초에 와서 빵 장인을 졸업
하고 맥주 장인으로 변신했다.

맥주를 만들 때는 맥아와 홉으로 맥아즙을 만든 다음 그 전 작업에
서 만든 맥주의 침전물, 그러니까 효모를 넣는다. 한 시간 이상 펄펄
끓인 맥아즙에 투입된 효모는 그날은 조용히 있지만 다음 날 거품을
뽀글뽀글 내놓는다. 그 광경은 흡사 에너지를 분출하는 지구의 모습
같기도 해서 문득 이 대지도 이렇게 시작했을까 하는 생각에 잠기곤

한다.

거품이 나기 시작하면 그때부터는 보이지 않는 미생물과 대화를 시작한다. 작은 미생물들이 500리터 탱크를 가득 채운 맥아즙을 맥주로 변화시키다니 아무리 생각해도 대단한 일이다.

균을 통해 세상을 보면 생명은 참으로 신기하다. 각자 다른 방식으로 살지만 전체적으로는 균형과 조화를 이룬다. 그리고 결과물로 알코올이라는 이로운 물질을 만들어낸다.

한편 인간 사회에는 다양한 규칙이 있고 사람들은 그 범위 안에서 살아간다. 규칙은 모두가 불이익을 당하지 않기 위해 있으며 그 덕에 사회가 순조롭게 발전한 것 같기도 하다. 그러나 지금 우리가 직면한 현실 세계는 어떤가. 인간이 활동함에 따라 수많은 동식물이 멸종했고 앞으로도 사라질 것으로 예상된다.

책을 쓰면서 새삼 기억을 더듬어보니 나는 참 괴짜로 살았다는 생각이 든다. 하지만 하고 싶은 일을 우직하게 좇은 지난 여정은 매 순간 내 행동을 즐기고 기억하는 작업의 연속이었다.

대량 생산, 대량 소비 시스템 속에서 '남과 같아야' 좋게 보는 사회 분위기는 나를 너무도 숨 막히게 했다. 나는 그런 분위기와 싸우며 살아왔다. 그리고 별난 장인이 되었다. 나의 괴짜 인생이 사람들에게 뭐 그리 큰 참고가 될까마는 이 책으로 작은 실마리라도 즐겁게 공유하는 계기를 준다면 다행이겠다.

시골빵집 '다루마리'가 지나온 시간

2015년
돗토리현
지즈초로 이전

2012년
오카야마현 마니와시
가쓰야마에서 재개업

2008년
지바현 이스미시에서
첫 개업

차례

한국어판 서문 4

들어가며   파괴가 아닌 공존의 삶을 찾아서 7

1부 세상과의 2차전

(1장) 다루마리, 이대로 끝인가

엄청난 성공 뒤에 찾아온 고민 하나 18 | 아이들 교육 문제에 맞닥뜨리다 20
쥐 소굴이 된 빵 나라 23 | 그럼, 가게 문을 닫자 25
다시 한번 고개를 힘차게 들고 27

(2장) 새 터전, 지즈초

우리 마을로 안 오실래요? 32 | 이런 게 운명이 아닐까? 34
꿈에 그리던 그곳 37 | 지즈초에서의 새로운 시작 38
길게 볼 줄 아는 사람들 41 | 구석구석 내 손이 닿은 곳 42

2부 균의 소리를 듣다

1장 균은 환경을 반영한다

균은 거짓말을 하지 않는다 50 | 야생 누룩균이 보내는 메시지 51
사람과 효모가 힘을 모은 자리 53 | 지즈초에서만 낼 수 있는 누룩 맛 55
환경오염이 균에 미치는 영향 57 | 부정적 감정이 푸른곰팡이를 부른다? 59
혹시 코로나19 때문일까? 60

2장 다루마리식 장시간 저온 발효법

조금 게을러도 좋은 자연농법 66 | 일본식빵에서 힌트를 얻다 69
꿈의 기술 탄생 72

| 칼럼 | '다루마리식 장시간 저온 발효법'이 통하는 이유 74

3장 발효에 얽힌 수많은 인연

곰팡이 상태로 길흉을 알아보다 82 | 농업 근대화로 누룩이 달라지다 83
기계 누룩이 퍼지다 85 | 발효는 인과가 아니라 인연 103
좋은 균, 나쁜 균이라는 이분법을 넘어 105

3부 맥주 장인으로 거듭나다

1장 맥주의 무한 변신을 꿈꾸며

맥주업계에 만연한 갑갑한 분위기 110
대기업이 과점한 '비정상' 맥주업계 112 | 맛없으면 어때! 115
입이 아닌 몸이 반응하는 맛 116

2장 맥주는 숙성이 생명

유기농 원료를 어떻게 구하지? 120 | 왜 맥주업계는 유산균을 적대시할까? 123
비료와 농약을 덜 쓴다면? 125 | 역발상으로 유산균 맥주를 만들어보자 126
맥주를 많이 팔고 싶지 않은 이유 128 | 한번 만들면 오래가는 것들 131
| 칼럼 | 균이 생명을 이끈다 133

4부 가면에 가려진 진짜 나를 찾다

1장 내가 만든 가면에 갇히다

꿈에 그리던 르뱅에 입사했지만 142 | 예기치 않은 사고 144
지금까지 가면을 쓰고 살았구나 148 | 교양인인 척 살아온 시간들 149
가면을 벗을 때 성장한다 151 | 진짜 공부는 현장에서 한다 153

2장 틀을 깨고 자기다움으로 승부하다

빵을 만들며 나다움을 발견하다 158 | 이런 사람을 뽑습니다 160
잘 관찰하는 사람이 이긴다 162 | 더 오래 살아남는 힘을 가르치다 164
합리적 사고 버리기 166 | 몸은 정직하다 167
몸을 움직이면 답이 보인다 170

5부 다루마리 빵의 원천을 찾아서

1장 첫 번째 원천, 물

더 좋은 물을 찾아서 176 | 에도시대 우물을 발굴한 경험 178
삽 하나로 우물 파기 179 | 우물 바닥에서 깨달은 것 181
물이 솟아 나온다! 183 | 옛 우물을 품은 카페 185
| 칼럼 | 기저귀 없이 아이 키우기 187

2장 두 번째 원천, 재료

조연으로서의 빵 194 | 농업이 있는 빵집 196
밀과 소통하기 199 | 갓 빻은 밀가루의 에너지 201

3장 세 번째 원천, 기술과 도구

약한 것들이 모여 단단해진다 206 | 장인이 기계를 다루는 법 209
철학 있는 소형 제조업체가 사라진다 211
가격이 아닌 가치에 주목해야 한다 214 | 전 과정을 지역 내에서 해결하다 217

에필로그 다루마리의 새로운 도전

나가며 역동적인 생산 활동을 꿈꾸며 247

참고문헌 250

1부

세상과의 2차전

다루마리,
이대로 끝인가

엄청난 성공 뒤에 찾아온
고민 하나

"오카야마현에서 돗토리현 지즈초로 이전한 이유가 뭡니까?"

참으로 많이 받은 질문이다. 하기야 《시골빵집에서 자본론을 굽다》(이하 《시골빵집》)를 출간한 뒤 일 년 만에 책의 주요 무대를 떠났으니 세상 사람들이 '엽기적 행동'이라고 할 만도 했다. 그럼 먼저 다루마리가 지즈초로 가게 된 경위부터 적어본다.

2014년, 《시골빵집》이 출간된 지 딱 일 년이 지났을 무렵 다루마리는 인기 절정의 전성기를 누렸다. 책은 일본에서도 예상외의 판매 부수를 기록했지만 신기하게도 한국어 번역판이 베스트셀러로 급부상하며 빵집에 국내외 손님들이 몰려들었다. 그런데다 그해 10월 5일, 후지TV의 〈신보도 2001〉이라는 프로그램이 다루마리를 다룬 특집 방송을 전국에 내보내자 빵집 앞은 이른 아침부터 빵을 사려는 이들로 연일 장사진을 이루었다. 가게 문을 연 지 두 시간이면 모든 빵이 동나는 희한한 일이 날마다 벌어졌다.

　도시로 출하하지도 않는데 시골 가게에서 구워내는 빵이 매일 매진되다니……. 하나라도 더 팔아보겠다고 고생하던 초창기를 생각하면 꿈같은 일이었다. 하지만 그때 우리 부부는 몸도 마음도 너무 지쳐 있었다. 후지TV의 방송이 나가기 일주일 전 제빵팀 핵심 직원이 그만두겠다고 폭탄선언을 했기 때문이다.

　"그만두겠습니다. 전 그냥 즐겁게 살고 싶어요. 사장님이 생각하시는 '수련'을 하고 싶은 게 아니라 그냥 즐겁게 빵을 만들고 싶습니다."

　솔직히 말해 당시 나는 원리주의적이고 금욕적인 자세로 최고의 빵을 만들려 했고 직원들에게도 그런 생각을 강요했다. 자연 재배(무비료·무농약)한 재료가 아니면 빵에 넣을 수 없다는 생각으로 온몸이 굳어 있었고, 제조 과정에서도 세세한 데 집착하면서 '이런 게 장인정신이다!'라고 고집을 꺾지 않았다.

　빵 만드는 일은 아침 일찍부터 중노동의 연속이라 안 그래도 힘들다. 그런데 우리는 아이들도 키워야 했다. 게다가 2011년 동일본 대지진과 후쿠시마 원전 사고가 일어나자 우리 네 식구는 지바현을 떠나 친척, 친구 하나 없는 오카야마현 마니와시 가쓰야마에 새 둥지를 틀었었다. 지바현에 살 때는 도쿄에 계신 장인·장모님이 아이들을 돌봐주러 자주 오셨지만, 가쓰야마로 이사 간 직후에는 도움을 청할 곳도 없었다.

언젠가 네 식구가 모조리 독감에 걸린 적이 있다. 마리와 나는 한동안 죽은 사람처럼 지냈다. 아이들을 어떻게 건사했는지 기억조차 나지 않는다. 그저 필사적으로 버텼을 뿐이다.

책을 출간한 뒤에는 더 바빴다. 몰려드는 손님을 맞고, 잡지와 텔레비전 등 미디어에 대응하느라 더할 수 없이 바쁜 나날을 보냈다. 게다가 나는 새로 맥주 제조 사업까지 구상 중이었다.

아이들 교육 문제에
맞닥뜨리다

"맥주는 왜 만드십니까?"

이 질문도 셀 수 없을 만큼 많이 받았다. 지즈초로 이전해서 맥주 사업을 시작한 지 몇 년이 지나고부터는 "제빵에 필요한 맥주 효모를 안정적으로 많이 확보하기 위해서요"라고 대답했다. 하지만 본격적으로 사업을 시작하기 전에는 "워낙 맥주를 좋아해서요. 천연 효모로 맥주를 만드는 게 오랜 꿈이었거든요"라는 대답밖에 할 줄 몰랐다.

나는 머리로 하는 생각보다 몸으로 하는 행동이 앞서는 사람이다. 맥주도 '만들어보자!'라는 생각이 직관적으로 떠올랐기에 그 생각을 실현하려고 행동한 것뿐이다. 어차피 왜 맥주를 만드는지, 사업이 잘될지 어떨지에 대해 처음부터 답을 정해놓고 시작하는 사람이 아니다. 그러니 여러 사람에게 말로 잘 설명하는 일은 상당히 오랜 시간이 흐른 뒤에나 가능하다.

그 무렵 다루마리는 이미 포화 상태여서 맥주 만들 공간은 생각할 수도 없었다. 그래서 근방에서 새 공간을 찾으려고 했는데 적당한 자리가 나오지 않았다. 하는 수 없이 가쓰야마에서 동쪽으로 약 60킬로미터, 차로 한 시간가량 걸리는 오카야마현 미마사카시 근처까지도 수소문해야 했다.

아무리 그래도 너무 먼 데까지 간 것 아닌가 싶기도 했는데, 사실 그렇게 한 데는 이유가 있었다. 마리가 줄곧 아이들 교육 문제를 고민했기 때문이다. 마리는 대도시인 도쿄도 안에서도 공무원 관사와 주택이 밀집한 세타가야구 이케지리 출신이다. 그러다 보니 필요 이상으로 아이들을 시골에서 키우고 싶어 했다. 자연을 가까이서 접하기를 바란 것이다. 그런데 실제로 시골에서 살아보니 현대 일본 사회에서는 이른바 '시골 방식의 육아'라는 것을 실현하기가 너무 어려웠다.

도쿄에서 지바현으로 그리고 다시 오카야마현으로……. 다루마리를 정상 궤도에 올리기 위해 우리는 아이들을 보육원에 맡기고 열심히 일했다. 그런데 이 시대 보육원은 '안전'을 최우선으로 여겼고, 아이들이 다칠까 봐 자연 속에서 몸을 움직이는 활동은 피하려 했다. 책상 앞에 앉아서 배우는 것도 중요하지만, 거기서 끝나지 않고 밖에서 몸을 움직이며 배우는 경험도 중요할 텐데 위험을 피하기만 할 뿐 아이들이 다양한 경험을 하도록 기회를 주지 않았다. 보육원에서 다양한 경험을 쌓을 수 없으면 휴일에 부모가 자연을 체험하게 해줄 수도 있겠지만 우리 부부는 그런 시간을 낼 수 없었다.

시골에 살면 일상적으로 자연을 벗 삼아 놀 수 있다는 생각은 환상이었다. 오히려 시골보다 도시 아이들이 자연 체험을 중시한다는 사실도 알게 되었다. 게다가 인구 과소 지역은 보육원이나 초등학교가 공립 한 군데밖에 없어 다른 선택지가 없었다.

도시에서 시골로 이주하고 싶어도 교육 면에서 선택지가 적다는 이유로 이주를 포기하는 사람도 많다. 하지만 우리는 그런 이유로 도시에 살면서 아이들에게 도시 교육을 받게 하고 싶지는 않았다. 그리고 무엇보다 시골에서만 할 수 있는 제조업을 생업으로 삼고 싶었다.

사실 2011년 동일본 대지진 후 지바현에서 어디로 이전해야 좋을지 고민하다가 마리가 인터넷에서 돗토리현 지즈초의 '통나무숲 유치원'을 찾아낸 적이 있다. 이왕이면 자연체험형 보육원이 있는 지역으로 이주하고 싶어서였다. 그런데 그때만 해도 내게는 '인구가 너무 적은 곳'이라는 생각이 강했기에 그런 곳에서 가게를 열고 싶지 않았다. 지진과 원전 사고 때문에 나고 자란 동일본을 떠나 아는 이 하나 없는 서일본으로 이전해야 한다는 것만으로도 큰 부담이었기 때문이다.

그래서 결국 인구가 많은 오카야마현 가쓰야마로 이전했다. 그런데 마리가 원하던 교육 환경이 아니었다. 우리는 다시 고민했다. 그러던 중 2014년 여름, 빵을 사러 온 '통나무숲 유치원' 관계자를 따라 지즈초로 견학을 가보았다.

지즈초는 그야말로 마리가 원하던 교육 환경을 갖춘 곳이었다. 당시 아들 히카루는 초등학교 입학 1년 전이었기에 숲 유치원을 경험할 마지막 기회였다. 그래서 히카루가 지즈초의 통나무숲 유치원에 다닐 수 있는 곳에 새 맥주 공방을 마련하고, 우리 식구의 생활공간도 그 주변으로 옮기기로 마음을 굳혔다. 다만 다루마리를 널리 알릴 수 있었던 오카야마현을 떠날 생각까지는 없었기에 가쓰야마에서는 조금 멀어도 오카야마현에 속하는 미마사카시에서 공방 자리를 찾아다닌 것이다.

쥐 소굴이 된
빵 나라

남들 눈에는 모든 일이 순조로워 보였겠지만 실상은 상당히 무모한 계획이었다. 당시 다루마리는 상근 직원이 네 명 있기는 했어도 현장을 맡길 만큼 숙련되지 않았기에 내가 없으면 빵을 만들 수 없었다. 게다가 야생의 균만으로 발효시키는 맥주 양조장이 당시 일본에는 없었던지라 맥주 신규 사업에 합류할 직원도 쉽게 구해지지 않았다. 그러다 보니 모든 일은 내 손을 거쳐야 했다.

"빵 가게와 맥주 공방은 절대 멀리 떨어져 있으면 안 돼. 당신이 없으면 아무것도 굴러가지 않잖아."

마리는 불안해했다. 애당초 마리 자신이 아들 히카루를 숲 유치원에 보내고 싶어 했으면서 말이다. 물론 현실적으로 내 사업 계획이 무리이기는 했다. 그런데도 나는 어떻게든 극복할 거라고 이를 악물고

발버둥을 쳤다.

맥주 사업을 계획하고 나서부터는 아니나 다를까 여유가 더 없어졌다. 그래서 제빵 일을 맡길 수 있도록 직원들에게 단시간에 기술을 전수하려고 조바심을 냈다. 엄하게 가르치는 것도 모자라 어떨 때는 그들을 정신적으로 압박했다.

지금 돌이켜보면 그때 나는 가벼운 우울증을 앓았던 것 같다. 도쿄 친구들을 만나고 싶다고, 만 편하게 이야기 나눌 친구가 옆에 없어 힘들다고 마리에게 죽는소리도 여러 번 했다. 새로 사귄 사람들과 오카야마 시내, 구라시키 시내로 술을 마시러 다니기도 했지만 마음이 편치 않았다. 그러는 사이 휴일에도 외출하기가 귀찮아졌고 아무도 만나고 싶지 않아졌다. 무엇보다 큰 문제는 물이었다. 차로 왕복 두 시간이나 걸리는 히루젠까지 물을 길으러 다니기도 슬슬 힘들게 느껴졌다.

엎친 데 덮친 격으로 쥐의 습격은 더욱 골머리를 아프게 했다. 지바현 시절부터 갖고 싶었던 롤 제분기를 2013년 말에 무리해서 들인 것이 화근이었다. 롤 제분기는 흰 밀가루를 제분할 수 있는 기계다. '이것만 있으면 대기업 밀가루를 사지 않고 이 지역에서 생산한 밀을 자가 제분해 쓸 수 있다'라고 생각했을 때는 그야말로 '꿈의 제분기'가 따로 없었다. 롤 제분기를 보유한다는 것은 곧 지역 내 소규모 농가와 자연 재배 계약을 할 수 있다는 뜻이기도 했으니까 말이다.

그런데 롤 제분기를 설치하려면 바닥에서 천장까지 높이가 6미터 정도 되는 공간이 필요했다. 한데 가쓰야마의 건물은 오래된 민가 일색인지라 그만큼 천장이 높은 건물이 없었다. 인근 지역도 마찬가지였다. 할 수 없이 빵집의 낮은 천장에 맞춰 기계를 개조하기로 했다.

개조가 무사히 끝나 "야호! 드디어 꿈의 디즈니랜드, 아니 꿈의 빵 나라를 완성하는구나!"라고 감격했지만, 그것도 잠시뿐 개조 상태가 안 좋아 작동 도중 밀이 기계 밖으로 새어 나왔다. 얼마 지나지 않아 가게에는 새어 나온 밀을 노리는 동네 쥐들이 바글바글 들끓었다.

평소 같았으면 미키마우스 대신 동네 쥐들이 퍼레이드를 한다고 자학 개그라도 했겠지만 상황이 심각했다. 쥐도 쥐지만, 쥐가 끓자 필연적으로 진드기가 늘어나 주거 공간으로 쓰던 가게 2층에서는 편하게 잠도 잘 수 없었다. 수면 부족과 신규 사업 출범에 대한 불안감으로 마리는 짜증스러워했고 전에 없이 직원들을 심하게 꾸짖었다. 그러다가 핵심 직원이 그만두겠다고 선언한 것이다. 다른 직원들도 그에 동조했다. 모든 것은 우리 부부의 부족함에서 비롯했다고밖에 설명할 길이 없었다.

그럼,
가게 문을 닫자

이제 다루마리는 어찌해야 할까? 마리와 나는 머리를 맞대고 고심했다. 직원 모두의 신뢰를 잃었다는 데 충격을 받은 마리는 깊이 절망해 눈물을 흘렸다. 하지만 나는 궁지에 몰렸을 때 오히려 힘이 솟는 유형이었다. 나는 결단을 내렸다.

"우리 그만하자. 가게 문 닫자."

어안이 벙벙한 듯 나를 물끄러미 쳐다보던 마리는 전보다 더 큰 충격을 받았는지 꺼이꺼이 목놓아 울었다. 나는 문득 이런 말을 했다.

"전의 그 통나무숲 유치원 입학 신청이 언제까지였지? 마리, 울지 말고 그거나 알아보자."

구체적인 계획이 없었는데 찾아보니 원서 제출 기한이 사흘 뒤였다. '오호라, 이건 가라는 신호다!' 그저 감각적으로 알 수 있었다. 우리는 당장 통나무숲 유치원에 전화해 문의한 뒤 속달로 원서를 보냈다. 이 럴 때는 과감하게 출발선으로 되돌아가야 한다. 발효를 일으키는 효 모를 채취할 때도 상황이 좋지 않으면 처음부터 다시 한다. 하던 일을 중단하고 처음으로 돌아가는 것이 중요하다.

그렇게 해서 직원이 사직을 표명한 지 반나절도 지나지 않아 우리 는 처음부터 다시 하기로 했다. 새 출발을 어디서 할지도 정해지지 않 았고 살 곳도 정하지 않았다. 다만 모든 것을 완전히 뒤엎어 다시 한 번 빵을 제대로 만들 곳을 찾겠다고 결심했다.

'더는 뒷걸음치지 않으리라. 애초에 나란 사람은 가망이 없었으니 이 길 외에 다른 선택지는 없다. 여기까지 온 것만 해도 감사한 일이 아닌가.'

십 대 시절, 아르바이트나 하고 펑크 밴드를 하며 최악의 시기를 경험한 게 오히려 힘이 되었는지 나는 어느새 나 자신을 다독이고 있 었다. 앞서 언급했다시피 일주일 뒤, 그 심란한 와중에도 텔레비전 프로그램은 방송되었고 가게는 문전성시의 절정기를 맞았다. 마리에게 미련 없이 가게 문을 닫자고 제안한 다음 날, 직원들에게도 내 뜻을 전했다. 모자란 사장에게 "계속 함께하겠다!"고 말해주는 직원은 한 명도 없었다.

다시 한번 고개를
힘차게 들고

깨끗이 문을 닫겠다고 선언했지만 속으로는 엄청난 불안에 시달리는 꼴사나운 인간, 그게 바로 나였다. 다음 가게는 어떡하나? 이사 비용은 얼마나 들까? 처음부터 돈 관리는 전적으로 마리에게 맡겼는데 통장에 돈은 얼마나 있을까? 그 돈으로 앞으로 몇 달이나 버틸 수 있을까?

움직이지 않으면 불안은 가중되는 법이다. 내 강점은 그런 상황에서도 빈주먹으로 일어섰던 처음으로 돌아가면 된다고 마음먹을 수 있다는 것이었다. 나는 재빨리 내가 무엇을 할 수 있는지 찾아보았다.

이사할 때 모든 작업을 직접 할 수 있도록 기계 조종 면허를 딴다.
다음 가게의 리모델링 작업을 내 손으로 해내기 위해 새 공구를 장만한다.
......

내가 해야 할 다음 행동을 구체적으로 따져보니 손 놓고 있을 때가 아니었다. 그렇게 나는 문을 닫겠다는 선언에 대한 후회를 떨쳐냈다. 반면 마리는 이틀을 꼬박 눈물 바람이었다.

"언제까지 울고 있을 거야? 자, 얼굴을 15도 위로 쳐들어 봐. 기분이 나아질 거야."

어떻게든 마리에게 활력을 주려고 애썼지만, 지금 생각하면 침울한 게 당연했다. 부모님, 친구들과의 추억이 가득한 지바현을 뒤로하고 시작한 가쓰야마 가게에는 정말 엄청난 돈과 노력을 쏟아부은 터였다. 그뿐 아니었다. 3년 차에 들어서서는 정원과 카페를 새로 단장하는 등 고생해서 일으킨 가게에 대한 애정이 깊을 대로 깊어진 상태였다. 그걸 모두 없던 일로 돌리다니 보통 사람이라면 하지 않을 선택이었다. 그래도 나는 역경이야말로 즐거운 경험이라고 믿는다. 그리고 머리로 생각하기 전에 몸을 움직인다. 할 일이 산더미처럼 쌓여 있었다.

일단 문을 닫겠다고 선언한 지 한 달 뒤인 10월 말에 가게 문을 닫기로 했다. 그래서 우리를 전적으로 응원해준 집주인을 비롯해 신세진 마을 사람들에게 폐점 사실을 알렸다. 그리고 《시골빵집》 편집자에게 전화해서 또 한 번 이전한다는 사실을 알렸다. 출간 후 불과 1년 만에 책의 주요 무대를 떠나다니 제정신으로 하는 짓이라 할 수 없었다. 이름 없는 빵집 주인 책을 출간하느라 온갖 고생을 한 편집자에게는 한없이 미안했다. 그도 당황한 모양이었다.

현실적인 대응을 하는 동안 제아무리 괴짜인 나도 세간의 호기심

어린 시선과 스트레스를 피하지 못해 정신적으로 몹시 지쳐갔다. 급기야 고질이던 허리 병이 도져 제대로 걸을 수도 없었다. 그래도 예정되어 있던 제빵 수업은 앉아서라도 진행했고, 크고 작은 마무리 작업도 평소보다 더 바쁘게 해냈다.

재미있게도 사람은 몸을 움직이면 사고가 낙관적으로 변한다. 다음 가게, 다음 장소에 관해 뭐 하나 정해진 게 없는데도 잘될 것 같은 기분이 조금씩 들었다. 그때쯤 오카야마현 미마사카시에 적당한 건물이 나왔고 우리는 그곳을 살림집 겸 공방 겸 가게로 꾸미기로 했다. 우리처럼 동일본 대지진 후 도쿄에서 오카야마현으로 이주해 가게를 차린 지인이 건물과 지역 유지를 소개해 계약하기로 한 것이었다.

새 터전,
지즈초

우리 마을로
안 오실래요?

계약이 이틀 뒤로 다가온 문제의 그날 휴대전화 벨이 울렸다. 지즈
초에 사는 지인에게서 걸려온 전화로, 지즈초사무소 관계자들이 다루
마리 부부를 만나 이야기를 나누고 싶어 한다는 것이었다. 통나무숲
유치원에 지원한 것을 보고 다루마리가 지즈초 인근으로 이전할 거
라고 짐작한 모양이었다.

'그런데 저희는 이미 오카야마현 안에서 움직이기로 했어요. 게다
가 지즈초에 가게를 낼 생각은 한 번도 한 적이 없어서 만나도 원하
는 답을 드리기 어렵습니다. 굳이 오실 이유가 있을까요?'

이렇게 거절할 생각이었다. 한데 그쪽 반응이 이랬다.

"아니, 그래도 얘기 정도는 나눠볼 수 있잖아? 이분들이 가쓰야마

1부 세상과의 2차전

로 가신다니까 잠깐이라도 시간을 내주면 안 될까?"

어찌나 열심히 설득하는지 더는 거절할 수 없어 경황이 없으니 내일 중에 한 시간 정도 내보겠다고 답하고 말았다. 다음 날은 정기 휴무일이었다. 불도 다 켜지 않아 어둑한 가게로 지즈초사무소 기획과의 젊은 직원 세 사람이 찾아왔다. 미안한 말이지만 우리는 조금 귀찮았다. 그리고 어차피 공무원이니 딱딱한 사람들일 거라 지레짐작하고 대충 예의만 차릴 생각이었다.

그런데 막상 만나보니 어찌나 세련되고 감각적인지 깜짝 놀랐다. 명함을 받는데 두 남성은 구니오카 다이스케国岡大輔 씨, 아시타니 겐고芦谷健吾 씨, 여성은 가시마 마리鹿島満里 씨였다.

"바쁘신데 시간 내주셔서 감사합니다. 오늘 저희가 찾아뵌 건 두 분께 지즈초로 이전하십사 간곡히 부탁드리기 위해서입니다. 그런 의미에서 앞으로 이곳을 떠나 어떤 사업을 펼치고 싶으신지, 이전할 건물에 필요한 조건은 무엇인지 여쭤보려 하는데 말씀해주실 수 있을까요?"

진지하고도 부드러운 분위기였고 그 덕에 우리는 기분 좋게 속내를 털어놓을 수 있었다. 우리가 원하는 건물의 조건은 이랬다.

1. 누룩균을 채취할 수 있는 뒷산이 있는 깨끗한 마을
2. 질 좋은 지하수를 수도관으로 공급받을 수 있는 곳
3. 맥주 공방을 열 수 있는 곳
4. 높이 6미터의 제분기를 설치할 수 있는 곳

5. 빵과 맥주를 제조·판매하고 카페를 영업하기에 충분한 공간이 확보되는 곳

6. 밀과 쌀 등을 계약한 농가에서 한꺼번에 살 수 있도록 대형 냉장고를 설치
   할 수 있는 곳

7. 장작으로 조리할 수 있는 돌 가마와 장작 스토브를 설치할 수 있는 곳

"이런 건데…… 내일 미마사카시에 있는 건물을 계약하기로 약속
되어 있어서 말이지요. 멀리서 오셨는데 죄송합니다."

조건을 늘어놓은 뒤 미안하다는 말을 덧붙이자 그들이 답했다.

"괜찮습니다. 그래도 저희가 도울 일이 있으면 언제라도 말씀해주
십시오. 감사합니다."

셋은 대단히 상쾌한 인상을 남기고 돌아갔다.

이런 게
운명이 아닐까?

미마사카시의 건물을 계약하기로 한 날, 〈신보도 2001〉의 취재진
도 동행했다. 아이들은 《시골빵집》이 출간된 직후부터 가쓰야마를 오
가며 촬영해온 아베 히로미阿部ひろみ 감독을 정말 잘 따랐다. 우리는
어느새 가족처럼 친하게 지냈다. 아베 감독은 며칠 전 있었던 특집 방
송에 호평이 따른 데다가 갑자기 가게를 닫고 이전해 새로운 도전을
한다는 사연에도 매력을 느꼈는지 특집 2탄을 제작하려고 우리를 밀

착 취재하는 중이었다.

예정대로라면 그날 '미마사카시의 후보지 주인을 만나 순조롭게 계약서에 도장을 찍었다!'라는 내용의 영상을 찍었어야 했다. 그런데 정작 만나보니 주인 측은 상상하지도 못했던 계약 내용을 내밀었다. 상대편 요구를 받아들이려면 예산을 크게 웃도는 자금이 필요했다. 우리는 빵집을 시작한 이래 아무리 어려워도 무융자를 고집해왔다. 그런데 그쪽이 내민 조건은 자기자본으로는 도저히 감당할 수준이 아니었다.

'은행 융자를 받아야 하나? 아니, 그건 무리다.'

결국 그 자리에서 계약을 단념했다. 늘 낙관적으로 살아온 나도 눈앞이 캄캄했다. 방송국 카메라도 돌고 있었다. 주인과 헤어지고 나서 건물을 소개해준 친구 집에서 점심을 얻어먹었다. 그날 대접받은 토마토소스 파스타의 맛은 오랫동안 잊지 못할 것이다. 어찌나 맛있었는지. 하지만 머릿속은 앞날에 대한 불안감으로 가득 차 있었다.

'다루마리는 이대로 끝인가? 아니다. 취재팀도 와 있는데 부끄러운 모습은 보이지 말자.'

마음을 가다듬고 궁리에 궁리를 거듭했다. 그 순간, 지즈초사무소에서 온 세 사람의 얼굴이 떠올랐다.

"어제 왔던 분들 명함 가지고 왔어?"

마리는 가방을 뒤적거리더니 이내 명함을 꺼내 보였다! 그 자리에서 지즈초사무소 기획과로 전화를 걸었다. 한 치의 망설임도 없는 답변이 돌아왔다.

"30분 후에는 만나뵐 수 있겠습니다."

당장 출발하면 지즈초까지 30분 정도 걸릴 것 같았다. 우리는 자리를 박차고 일어나 차를 몰았다. 사무소에 도착하자 "바로 현장으로 가시지요"라고 했다. 이게 다 어찌된 일인지 멍한 상태로 안내받은 차를 타고 이동했다. 10분가량 달렸을까?

"여깁니다. 지금은 문을 닫은 보육원 자리예요."

그곳은 훗날 우리가 새로 둥지를 틀게 될 나기 보육원 자리였다. 크고 작은 산에 둘러싸인 조용한 마을, 그 속에 자리 잡은 사랑스러운 부지와 건물을 보고 나는 너무도 놀라 대뜸 소리를 질렀다.

"오! 여기! 우리 여기 와본 적 있어요!"

전에 지즈초를 방문했을 때 이곳에 들른 기억이 났다. 아들 히카루를 데리고 통나무숲 유치원을 견학하기로 한 날이었다. 그런데 안타깝게도 태풍주의보가 내려 숲속에 들어갈 수 없다고 했다.

솔직히 기분이 좋지 않았다. '비가 오나 눈이 오나 무조건 숲에서 시간을 보낸다'고 하더니 하필 우리가 찾아간 날에 그걸 못한다니 말이다.

"아쉽지만 오늘은 폐교된 초등학교 체육관에서 놀겠습니다"라는 선생님의 안내에 따라 지리도 모르는 동네에서 유치원 버스를 쫓아 10분 정도 이동했다. 그곳에 폐교된 초등학교 건물이 있었다.

아이들이 잠시 체육관에서 놀고 있을 즈음 선생님이 "비가 그쳤으니까 산책을 가볼까요?"라며 아이들을 밖으로 이끌었다. 건물 옆 시냇물을 따라 좁은 길을 걸었다. 냇물의 상류 쪽으로 올라가자 오른쪽

1부 세상과의 2차전

으로 아담한 건물이 보였다. 나는 주변을 산책하며 마리에게 말했다.

"저 건물 참 예쁘지 않아? 크기도 딱 좋고 마당도 넓은 게 저런 데 가 구해지면 얼마나 좋을까?"

꿈에 그리던
그곳

바로 그 건물이 지즈초사무소가 안내해준 나기(지즈초의 지역 이름. 강설량이 특별히 많은 지역으로 알려져 있다 - 옮긴이) 보육원 자리였다. 그런 게 운명일 것이다. 설레는 마음을 억누르며 건물의 조건을 하나 씩 점검했다. 수도꼭지에서 지하수가 나왔다. 높이 6미터의 제분기도 설치할 수 있을 것 같았다. 빵, 맥주, 카페 등 하고 싶은 것을 모두 할 수 있는 면적도 갖추고 있었다. 이 같은 사실을 확인한 나는 가슴이 벅차올라 마리를 부둥켜안고 기뻐했다. 그리고 곧 사무소 측에 우리 의사를 밝혔다.

"여기서 하겠습니다. 이곳을 쓸 수 있게 허락해주십시오!"

아무리 생각해도 지즈초사무소는 놀랄 만큼 대응이 빨랐다. 나중 에 듣기로 그들은 전날 우리 이야기를 듣자마자 그 조건에 부합하는 자리가 지즈초에 있는지 검토했다고 한다. 이윽고 가쓰야마에서 돌아 가는 차 안에서부터 나기 보육원 자리가 좋겠다고 의견을 모았다는 것이다.

그리고 겨우 하루 뒤 우리가 갑자기 연락했는데도 그 짧은 30분 사이에 차량과 슬리퍼, 손전등, 도면 등 건물을 살펴보는 데 필요한 준비를 완벽하게 마치고 기다렸다. 민간 기업도 울고 갈 정확성과 속도. 공무원이 이렇게 멋들어지게 일을 처리하는 모습을 나는 본 적이 없다.

'다루마리를 끝내지 않아도 되는구나!'

그제야 한시름 놓았다. 그로부터 열흘 뒤인 10월 31일, 다루마리 가쓰야마점의 문을 닫다. 2년 8개월의 짧은 여정이었다. 지즈초로 이전할 준비를 하려면 할 일이 산더미 같았다. 내 손으로 할 수 있는 일이면 뭐든 다 할 생각이었다. 그렇지 않아도 불안정한 상황에 마리는 그런 나를 보면서 걱정이 많았지만 나는 밝게 말했다.

"마리, 나는 허리가 아프니까 이사할 때 기계의 힘을 빌려야 하잖아? 그러니까 일단 지게차와 크레인 면허부터 따게!"

그리고 그 길로 면허증 취득 수업을 들으러 갔다.

지즈초에서의
새로운 시작

우리는 지즈초사무소에서 건물을 소개받은 것을 대단한 행운이고 감사한 일이라 생각했다. 그리고 제빵뿐 아니라 맥주 양조까지 분야를 넓히느라 규모가 커졌어도 예전처럼 한정된 자기자본 안에서 해결할 작정이었다. 금융권 융자만큼은 피하고 싶었다.

그런데 이번 작업은 예전 경험과는 조금 달랐다. 도쿄에서 지바현 그리고 지바현에서 오카야마현으로 이전할 때는 모두 민간인끼리 계약이었기에 장소만 확보하면 나머지 일은 모두 개인적으로 진행했다.

그와 달리 이번에 임대한 공간은 공공 보육원 자리로 건물이 지즈초 소유였다. 게다가 건물 관리자는 사무소가 아니라 그 하부의 주민 자치조직인 '지구진흥협의회'라고 했다. 그러니 먼저 나기 보육원 자리를 관리하는 '이자나기진흥협의회' 간부들을 대상으로 설명회를 하라는 사무소의 지시를 받았다. 잘은 몰라도 해당 건물을 사용하려는 사업자가 더 있어서 지구진흥협의회가 검토 중인 것 같았다.

지역 관계자가 허가해줄지 말지가 걸린 중요한 자리였다. 우리는 아이들까지 총출동해 가족을 소개했고, 다루마리의 기존 실적과 향후 벌일 맥주 사업 등에 관해서도 열심히 설명했다. 다행히 다루마리에 사용 허가가 떨어졌다.

우리는 한시라도 빨리 가게를 열고 싶어서 10월 말 가쓰야마점의 문을 닫은 직후부터 공사를 시작하려고 했다. 그런데 사무소 기획과의 구니오카 씨가 제동을 걸었다.

"일단 12월에 의회가 끝날 때까지 함부로 공사를 시작하시면 안 됩니다."

왜 그런지는 알 수 없었지만 우리는 따라야 했으니 초조하기만 했다. 앞서 언급했다시피 지바현과 오카야마현에서는 개업 준비를 모두 우리 손으로 했으니 당연했다. 이번에도 공무원이나 지방자치단체의 협력은 조금도 기대하지 않았다.

나중에 알게 된 사실인데, 지즈초에서는 당시 초의 수장을 맡은 데라타니 세이이치로寺谷誠一郎 씨가 주민자치정책에 힘을 기울이고 있었다. 예를 들면 '지즈초 백인위원회' 같은 독특한 정책이었다. 간략하게 지즈초 상황을 설명하면 이렇다. 초에는 여섯 개 집락(초등학교 학군)과 다섯 개 지구진흥협의회가 있는데 각 지구 보육원은 2007년에, 초등학교는 2012년에 통폐합되었다고 했다. 비어 있는 보육원, 초등학교 시설을 이용한 지역 활성화 대책은 각 지구진흥협의회를 중심으로 지역 주민들이 직접 결정했고, 계획안이 좋으면 지즈초 차원에서 예산을 지원한다고 했다.

요컨대 우리에게 기다리라고 한 것은 다루마리의 나기 보육원 자리 사용을 결정한 이자나기진흥협의회가 공사 예산을 지즈초 의회에 청구해 승인받는 데 시간이 필요했기 때문이다. 청구안은 정식으로 의회를 통과했고, 이자나기진흥협의회는 지즈초로부터 지원금을 확보했다.

그리하여 2014년 12월 21일, 데라타니 씨와 이자나기진흥협의회의 마에카와 요시노리前川義憲 당시 회장 그리고 다루마리 대표 와타나베 이타루 세 사람이 모여 협정 조인식을 했다. 행사장에는 텔레비전, 신문 등 여러 매체가 몰려 카메라 플래시를 터뜨려댔다. 다루마리의 지즈초 이전에 세간이 또 한 번 주목하게 된 것이다. 그렇게 해서 지즈초가 다루마리라는 기업을 유치하고, 이자나기진흥협의회가 나기 보육원 자리를 단장해 임대하는 절차가 멋지게 완성되었다. 눈물이 많은 마리는 협정 조인식 날에도 감격에 겨워 하염없이 눈물을 흘렸다.

길게 볼 줄 아는
사람들

그 후로도 우리는 지즈초 사람들의 친절한 지원에 여러 번 놀랐다. 이사만 해도 그렇다. 나는 무사히 지게차와 크레인 면허를 땄고 '어디 한번 해보자!' 하는 의욕으로 가득 차 있었다. 하루는 빵 굽는 오븐 등 대형 기계를 트럭에 싣고 현장에 갔다. 그런데 뜻밖에 오타니 구니히로大谷訓大라는 젊은 임업가가 먼저 와서 기다리고 있었다.

"제가 할게요. 힘들 때는 서로 도와야죠."

그러더니 능숙한 솜씨로 크레인을 조종해 기계를 전부 내려주었다. 그런 식이었다. 도움을 청하지 않아도 당연하다는 듯 힘을 보태주는 지역 주민에게 우리는 매번 감동했다.

설명회도 단 한 번으로 끝내지 않고 나기 지구 전체 주민을 위한 설명회, 지즈초 전체 주민을 위한 설명회 등 몇 번이고 기회를 마련해주었다.

우리는 지즈초의 역사나 지역 수장의 특색 있는 행정 방식에 관해 아무것도 모르고 이전을 결심했던 터라 정말이지 운이 좋았다고밖에 설명할 길이 없다. 지즈초는 에도시대 때부터 역참 마을이 번성했던 지역이라 예부터 외부인의 출입이 빈번했다. 그래서인지 우리 같은 이주자에게 무척 너그러웠다. 또 임업으로 흥한 지역이었기에 매사를 장기적 안목으로 보는 사람이 많다.

임업가는 할아버지가 심은 나무를 베어 먹고 살기에 앞뒤 3대를 보고 일한다고 한다. 그렇게 긴 안목이 있어서 우리가 구상한 지역 내 순환에 대해서도 이해해준 게 아닐까 싶다. 짧은 시간 안에 결과를 내기를 원하는 요즘 풍조 속에서 길게 볼 줄 아는 사람이 많다는 점도 지즈초의 매력이다.

2015년 1월, 드디어 공사가 시작되었다. 보육원 건물은 폐원한 지 7년이나 지나 손볼 데가 많았다. 지붕, 수도, 전기 등 수리 규모도 지금까지 경험한 것과는 차원이 달랐다. 그 정도 대공사를 모두 혼자 할 생각이었다니⋯⋯. 결국 기초 공사는 모두 이자나기진흥협의회가 지즈초에서 받은 보조금으로 해결해주었다. 정말 뭐라 감사해야 할지 모를 정도였다.

구석구석
내 손이 닿은 곳

"《시골빵집》에는 전통 가옥이 아니면 누룩균을 채취할 수 없다고 쓰셨던데요. 보육원 건물은 목조인가요? 전통 가옥이 아닌데 괜찮은가요?"

이 질문도 족히 수백 번은 들었을 것이다.

"잘될지 안 될지는 해봐야 알 것 같습니다."

당시에는 이렇게 대답할 수밖에 없었다.

그래도 내 뜻을 펼치는 데 이보다 더 적합한 마을은 없을 거라는 확신은 있었다. 93%가 삼림이고, 인구는 7천여 명밖에 안 되며, 물과 공기가 아주 깨끗하니 말이다.

《시골빵집》을 출간한 당시에는 반드시 전통 가옥이라야 한다고 강조했다. 그런데 가쓰야마에서 누룩균을 채취하고 시행착오를 겪는 동안 내 생각은 건물 내부뿐 아니라 주변의 더 넓은 자연환경까지 잘 정비해야 한다는 방향으로 발전했다.

당시에는 말로 잘 설명하지 못했지만 전통 가옥이 아니라 보육원으로 쓰던 목조 건물이라도 지즈초 나기 땅의 산림 환경을 고려하면 누룩균을 채취할 수 있겠다는 예감이 든 것이 사실이다.

한편, 아무리 기초 공사를 이자나기진흥협의회가 맡았다고 해도 모든 것을 업자에게 일임한 채 나는 필요한 내장 공사만 하겠다고 뒷짐 지고 있을 수는 없었다. 오히려 성격상 마냥 기다리지 못하는 탓에 줄곧 현장에 가서 시간을 보냈다. 가족은 가쓰야마 집에 머무르게 했다. 우리가 살 집은 4월부터 임대하기로 되어 있었기 때문이다. 나는 마리가 만들어준 주먹밥을 싸 들고 차로 왕복 세 시간가량 걸리는 지즈초 현장으로 석 달간 매일 출퇴근하다시피 했다.

공사는 '단바라 설비'라는 지역 내 전문 기업이 맡았다. 그들로서는 아마추어인 내가 현장을 기웃거리는 게 여간 방해되지 않았을 것이다. 그런데도 사장인 단바라 다카시檀原充 씨를 비롯한 전 직원은 상냥하고 친절한 시선으로 나를 봐주었다.

당시에는 나도 내 행동을 잘 설명하지 못했는데, 지금 생각하면 어쨌든 내 손으로 발효 환경을 만들고 싶었던 것 같다. 완공 후 야생의 균을 이용해 발효 작업을 할 내 일터였으니 말이다. 자재 하나하나가 어디에 어떻게 쓰였는지 내 눈으로 확인하고 파악해두고 싶었다.

오래된 전통 가옥이 아니어도 누룩균을 채취할 수 있으리라는 예감이 들기는 했지만 마음속에는 불안감도 있었다. 건전한 발효 환경을 갖추려면 건축 자재는 가능한 한 화학물질을 피하고 자연 소재로 골라야 한다. 한데 보육원 건물에는 석고 보드 같은 자재도 다량 사용되어 있었다. 그래서 가능한 한 석고 보드를 뜯어내고 삼나무 판자를 붙였지만 그리해서는 공사가 너무 커지는지라 전부를 교체할 수는 없었다. 그래서 뜯어내지 못한 곳에는 회반죽을 발랐다.

내장 공사는 삼나무 판자와 회반죽 칠, 밀크페인트라는 자연 소재를 써서 거의 다 직접 했다. 자재는 낭비되지 않도록 신경 썼다. 마루를 뜯어낸 다음에는 마루를 받치는 귀틀의 목재에서 못을 뽑아내고는 카페 주방이나 화장실의 기둥과 벽으로 재활용했다.

사람의 일이란 게 하다 보면 다 되는 법이다. 벽돌을 쌓아 벽을 세우는 일도 해본 적이 없었지만 인터넷만 검색하면 동영상으로 뭐든 배울 수 있는 시대가 아닌가. 나라고 하지 못할 게 없었다.

작업을 서두르다 무너지는 목재에 손이 끼어 상처를 입기도 했지만 몸을 움직이면 가만히 있을 때보다 더 행복했다. 아무것도 없던 곳에 형태가 생기는 재미는 그 무엇과도 바꿀 수 없었다.

내 손으로 창고를 증축하고 거기에 피자 화덕을 만들었을 때의 감동은 지금도 잊을 수 없다. 아쉽게도 작업을 꼼꼼하게 하지 못해 실패로 끝났지만 말이다. 피자를 넣어 구워봤더니 맛있게 구워지지 않았

1부 세상과의 2차전

다. 하는 수 없이 일 년 뒤에는 굴뚝만 남기고 헐어낸 뒤 소시지용 훈연기를 만들었다.

그렇게 해서 2015년 4월, 우리 가족은 지즈초에 정착하는 경사를 맛보았다. 히카루는 통나무숲 유치원에 들어갔고, 산에서 온갖 나물을 뜯어왔다. 시골빵집을 연 지 어언 8년, 드디어 마리가 꿈에도 그리던 진짜 시골다운 삶과 육아가 실현된 것이다.

2부

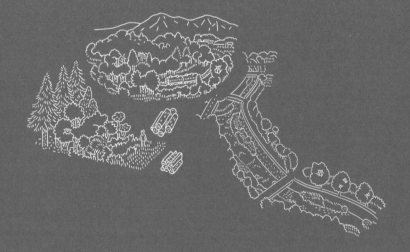

균의 소리를 듣다

1장

균은 환경을
반영한다

균은 거짓말을
하지 않는다

2015년 여름, 돗토리현 지즈초로 이주한 지 3개월이 흘러 생활이
어느 정도 자리를 잡아가던 어느 날이었다. 부엌에서 아이들이 큰 소
리로 나를 불러댔다.

"우아! 아빠, 와보세요! 이거 먹을 수 있어요?"

냉장고에 넣어놓고 잊고 있었던 밥에 곰팡이가 핀 것이다.

"응? 어디 보자. 이 녹색 부분은 누룩균이지만 다른 곰팡이는 못 먹
겠는걸."

나는 2008년에 다루마리를 개업한 이래 누룩균을 채취하기 위해
야생의 균을 가까이하며 살아왔다. 다양한 곰팡이를 채취해서 그것이
누룩균인지 아닌지 알아보기 위해 먹어보기도 했다.

2부 균의 소리를 듣다

"으아, 이건 안 되겠다. 맛에서 살기가 느껴져."

일일이 맛을 보고 시행착오를 겪으며 그 곰팡이가 사람에게 유용한지를 판단했다. 그런 모습을 보고 자란 아이들은 '아빠는 곰팡이 먹는 사람'이라며 신기해했다.

나도 내가 곰팡이를 먹게 될 줄은 몰랐다. 그런데 곰팡이를 포함한 균의 세계를 들여다보니 균의 사명감과 목적이 눈에 들어왔다. 그들은 우리 삶에 크나큰 영향을 미친다. 나는 점차 균은 거짓말을 하지 않는다는 사실을 깨닫게 되었다. 그 덕에 지금은 세상의 상식보다 균이 들려주는 말을 더 신뢰한다.

균에도 여러 종류가 있는데, 상업적으로 발효식품을 만들 때는 보통 순수 배양한 이스트균을 사서 쓴다. 그런데 나는 야생의 균만 사용한다. 이 일을 시작하기 전에는 공기 중에 떠다니는 균의 존재를 생각해본 적도 없었다. 그러다 전통 발효 기술을 조사하는 과정에서 사람이 야생의 균과 아주 친한 사이라는 사실을 알게 되었다. 그래서 실제로 야생의 균과 대화하기 시작하며 그 세계에 푹 빠져들게 된 것이다.

야생 누룩균이
보내는 메시지

독자 중에는 '천연 효모 빵'이라는 말을 들어본 적은 있지만 '누룩균'이 뭔지 정확히 모르는 분도 많으리라 생각한다. 그래서 효모만 쓰면 될 텐데 왜 굳이 누룩균까지 채취해야 하는지를 설명하려 한다.

다루마리에서는 여러 종류의 자가 배양 효모로 빵을 발효시킨다. 그 효모 중 하나가 '주종酒種'으로 일본 전통 탁주를 발효시킨 것이다. 누룩균은 이 주종을 만들 때 필요하다. 주종은 세 종류 균(누룩균, 유산균, 효모)의 연속 발효로 만들어지는데 누룩균은 그중 첫 주자로 쌀을 당화하는 역할을 한다. 참고로 누룩균은 일본의 대표 균, 즉 '국균'으로 인정되며 고래로 아마자케(멥쌀 또는 찹쌀로 죽을 끓인 뒤 쌀로 만든 누룩을 넣어 전분을 당화해서 만든 음료. 술지게미에 설탕과 물을 넣고 데운 음료를 가리키기도 한다 - 옮긴이), 술, 된장, 간장, 맛술 같은 전통 발효식품에 이용되어왔다.

지즈초로 이전하고 2년째가 되던 2016년 여름, 여느 때처럼 찐 쌀을 죽통에 넣어 빵 공방에 늘어놓고 누룩균이 내려앉기를 기다리는 작업을 반복하고 있었다. 며칠 기다리면 찐 쌀에 녹색 곰팡이가 슬어 '옳거니, 됐다!' 싶다가도 결국 검은곰팡이나 붉은곰팡이로 뒤덮이기 일쑤였다.

그러던 어느 날이었다. 특정 시기에는 검은곰팡이가 내려앉지 않는다는 사실을 알아챘다. 그 원인을 찾다 보니 빵 공방의 외부 환경, 그러니까 산에서 일어나는 변화가 원인일 거라는 생각이 들었다.

그걸 알아차린 건 온전히 가게를 두 번이나 이전한 경험 덕이다. 다루마리는 2008년 지바현 이스미시에서 첫발을 내디뎠다. 그 뒤 2012년에 오카야마현 마니와시, 2015년에는 돗토리현 지즈초에 새 둥지를 틀었다. 이전을 거듭한 가장 큰 이유는 '야생의 누룩균을 채취

할 수 있는 자연환경을 찾기 위해서'였다. 균과 함께하는 삶이 깊어
지면서 나는 균의 움직임, 균이 무엇을 좋아하는지를 느낄 수 있었다.
그리고 발효균을 잘 불러들이려면 그들이 좋아하는 자연환경을 갖추
어야 한다는 사실도 알게 되었다. 전에는 빵 공방 내부 환경에만 관심
을 쏟았던 나에게 균들은 '빵 공방 외부 환경도 생각해!'라는 메시지
를 보냈다. 그리고 '세상을 있는 그대로 받아들이는 게 좋아'라고 말
해주었다.

사람과 효모가
힘을 모은 자리

나기 보육원 자리 공사가 상당 부분 진척을 보이자 나는 슬슬 균
채취에 돌입했다. 정말 이곳에서 발효균을 채취할 수 있을지 설렜다.
다루마리에서는 다섯 종류의 자가 배양 효모를 이용해 빵을 굽는다.

- 맥주 효모
- 건포도 효모
- 통밀가루(전립분) 효모
- 화이트 사워
- 주종

이 효모들을 만들 때 공기 중에서 채취하는 야생의 균은 주로 효모, 유산균, 누룩균 세 종류다. 그리고 이제껏 경험한 바에 따르면 채취의 난이도는 '효모 〈 유산균 〈 누룩균' 순이다. 그러니까 다섯 종류의 자가 배양 효모 중 가장 만들기 어려운 것이 주종이다. 누룩균을 채취하기가 어렵기 때문이다.

이 누룩균은 아주 깨끗한 환경에서만 채취할 수 있으니 말하자면 귀빈 대접을 해야 한다. 그들이 좋아하는 최고의 밥(자연 재배한 쌀), 맑은 공기와 청정한 자연환경 그리고 최적의 온도와 습도가 형성되는 계절 등 귀빈이 쾌적하게 지낼 조건을 모두 갖춰주어야 한다.

나는 빵 공방의 내장 공사가 끝나자마자 시제품을 만들기 위해 가장 작업이 쉬운 효모부터 채취했다. 보통은 물과 건포도를 병에 넣어두거나 통밀가루를 물과 섞어놓고 기다리면 며칠 사이에 부글부글 거품을 내며 발효가 시작된다.

그런데 새 공방에서는 그 간단한 효모조차 쉽게 얻어지지 않았다. 매번 손쉽게 발효되던 건포도 효모에도 곰팡이가 슬 정도로 환경이 나빴다. 하지만 가게를 새로 열 때마다 깨달은 게 있다. 새 환경은 처음부터 발효에 적합할 수 없기에 사람과 효모가 함께 환경을 다져가야 한다는 점이다.

할 수 없이 그나마 채취한 효모액을 배양해 공방 전체에 스프레이로 뿌리고 다녔다. 이 작업을 한 달가량 반복했더니 조금씩 '자리'가 만들어져 효모만큼은 안정적으로 채취할 수 있게 되었다. 참고로 유산균은 첫 시도부터 문제없이 채취했다. 다음은 난관이 예상되는 누

2부 균의 소리를 듣다

룩균 채취. 당시 상황에서 채취할 수 있을지 정말 의문이었다.

지즈초에서만 낼 수 있는
누룩 맛

누룩균을 채취하는 방법은 무척 단순하다. 쪼갠 대나무를 접시로
삼아 찐 쌀을 담은 뒤 곰팡이가 내려앉기를 며칠 기다리기만 하면 된
다. 다만 어떤 환경에서 채취하느냐에 따라 내려앉는 곰팡이 종류는
달라진다. 마치 여름밤에 수박이나 멜론을 먹고 껍질을 그대로 두었
을 때, 시골에서는 산에서 장수풍뎅이나 사슴벌레가 날아오지만 도시
에서는 바퀴벌레 따위가 꼬이는 것과 같다.

누룩균을 채취할 때는 양분인 쌀의 질이 중요하다. 누룩균을 얻으
려면 무비료·무농약으로 키운 자연 재배 쌀을 써야 한다. 비료나 농
약을 잔뜩 뿌려서 재배한 쌀을 쓰면 다른 부패균이 번식하기 쉬운 탓
이다.

또 밤 기온이 20도 아래로 떨어지는 시기에는 누룩균을 채취하기
어렵다. 그래서 지즈초에서는 7월 중순부터 9월 중순 사이에 3~5일
에 한 번 찐 쌀을 이용해 채취한다. 경험상 9월 초 벼 베기 철이 되면
공기 중 누룩균이 늘어나 채취하기가 좋은 것 같다.

앞서 말한 대로 오카야마현 시절까지는 누룩균을 채취하려면 오래
된 전통 가옥이 필수 조건이라고 생각했다. 그러다가 지즈초에 와서

처음으로 나무와 흙벽 같은 자연 소재로 지은 전통 가옥이 아니라 보육원으로 쓰던 목조 건물에서 누룩균 채취에 도전하게 되었다.

가능한 한 좋은 환경을 만들고자 내부 공사에 신경 쓰기는 했지만 전통 가옥과는 달라도 너무 달랐다. 누룩균을 채취할 수 있을지 의문은 여전히 남아 있었다. 하지만 공방 밖 자연환경이야말로 중요하다는 균의 소리를 들었기에 이전한 것 아니던가? 건물 내부뿐 아니라 주변 자연환경까지 받쳐줘야 한다고 판단했기에 전국에서 인구가 가장 적은 현의 산간지, 초 면적의 93%가 삼림인 돗토리현 지즈초로 이전한 것이다. 가쓰야마에서는 이전한 그해에 누룩균 채취에 성공했지만, 지즈초에서는 분명 여러 해가 걸릴 터라 큰 기대 없이 채취 작업을 시작했다.

그런데 웬걸, 너무나도 깨끗한 누룩균을 얻어냈다! 2015년 8월 31일의 일이었다. 당장 전문기관에 보내 DNA 검사를 의뢰했더니 네 종류의 누룩균이 같은 비율로 형성되었다는 결과를 보내주었다.

역시나 건물 내부 환경만 중요한 것이 아니라 자연환경이 청정해야 가능한 일이었다. 나는 그 모든 것이 너무나도 기뻤다. 곧바로 그 누룩으로 주종을 만들어보니 그조차 지금껏 내보지 못한 깔끔하고 산뜻한 맛을 냈다. 정말이지 지즈초에서만 낼 수 있는 누룩 맛이라는 생각이 들었다. 나는 온갖 곡절을 겪으며 함께 고생한 마리를 얼싸안고 성공을 기뻐했다.

그러나 그 행복한 순간도 잠시. 이후 2019년까지 3년 동안 누룩균은 제대로 채취되지 않았다. 2016년, 2017년에는 시도하는 족족 곰팡이가 슬었고 2018년에는 너무 바빠 대여섯 번밖에 시도하지 못한 데다가 이때도 불필요한 곰팡이가 섞여 나왔다. 그런 탓에 줄곧 냉동해둔 2015년산 누룩균을 썼는데 그나마도 2020년에는 동이 날 지경이었다.

다만 2019년 8월 중순에 딱 한 번 더 성공한 적이 있는데, 이를 2020년 돗토리대학 농학부의 고다마 모토이치로児玉基一朗 교수에게 보내 DNA 검사를 의뢰한 적이 있다. 결과는 '완벽한' 누룩균. 그 덕분에 한시름 놓을 수 있었다.

환경오염이
균에 미치는 영향

그나저나 누룩균 채취는 왜 이리도 어려울까? 일본에는 무로마치(1336~1573)시대부터 종균을 독점 제조·판매하는 누룩집이 있었다고 한다. 하지만 시골에서는 일반인도 야생의 누룩균을 자체 채취한 것 같다.

오카야마현으로 이전하면서 마을에서 만난 90대 어르신께 누룩 이야기를 했더니 "그래. 맞다, 맞아. 쌀에 곰팡이를 피워서 말이야. 그걸로 아마자케 같은 걸 만들었지" 하며 옛 기억을 되살려주셨다. 어르신이 기억하는 그 시절에도 누룩균 채취가 이렇게 어려웠을까?

요즘에는 찐 쌀을 놓아두면 어떤 때는 검은곰팡이, 어떤 때는 회색 곰팡이, 또 어떤 때는 푸른곰팡이가 내려앉는다. 녹색 누룩균은 공기가 맑고 깨끗할 때만 앉는데, 그런 날은 일 년에 하루, 이틀 있을까 말까다. 누룩균 외의 곰팡이가 앉는 원인은 무엇일까? 나는 지난 5년 동안 줄곧 그 점을 주목했다. 특히 2017년에는 7월 중순부터 9월 중순 두 달 사이에 총 33번이나 찐 쌀로 채취를 시도하며 누룩이 앉는 과정을 사진으로 기록했다(사진 자료 참조).

그 결과는 이렇다. 회색 곰팡이는 8월 중순쯤에 생긴다. 아무래도 최대 명절인 '오본お盆' 연휴 기간이라 방문객의 자동차 배기가스가 영향을 미치는 것 같다. 또 검은곰팡이는 농약을 공중 살포한 뒤 생긴다. 이 지역 논에는 여름에 두 번 정도 헬리콥터로 농약을 살포한다. 그전까지 녹색 누룩균이 잘 앉다가도 농약을 공중 살포한 뒤 열흘 정도는 여지없이 검은곰팡이가 피는 것을 확인했다.

언뜻 공기가 깨끗하게 느껴지는 산자락에도 사실은 온갖 화학물질이 존재한다. 그러면 대기 중에는 그 오염 상태에 따라 곰팡이가 늘어난다. 눈에 보이지 않아 의식하기 어렵지만 공기 중의 물질 구성과 균 생태계의 변화에 좀 더 신경 쓰는 것이 좋을 것이다.

제2차 세계대전 후 전국의 시골이 고용을 늘리기 위해 원전이나 화학, 기계 관련 대규모 공장을 유치했다. 공장에서 배출하는 매연과 폐수는 귀중한 자연환경을 오염시킬 수 있다. 눈에 보이지 않는 균의 세계에 미치는 영향이 분명히 클 테고, 이는 인간의 몸과 마음에도 관련된 문제라 할 수 있다.

부정적 감정이
푸른곰팡이를 부른다?

문제는 푸른곰팡이다. 미신에 가까운 궤변이라 할지 모르겠지만, 푸른곰팡이는 대체로 일하는 사람의 몸과 마음이 지쳤을 때 많이 발생하는 것 같다. '다루마리발 도시 괴담'이라 해도 좋을 일화가 있다. 다름 아니라 다루마리를 그만두고 싶어 하는 직원이 있으면 누룩균이 아니라 푸른곰팡이가 폈다는 사실이다.

9월 초에 푸른곰팡이가 대량 발생해 누룩균 채취에 실패한 적이 있는데 한 직원이 가을에 사표를 냈다. 그제야 짚어보니 '아, 바로 그때 그만두려고 마음먹었구나' 하는 생각이 들었다. 지즈초로 이전한 뒤 누룩 채취에 실패한 해에 있었던 일이다.

오카야마현 시절에는 환경에 민감한 누룩균뿐 아니라 효모와 관련해서도 도시 괴담이라 할 만한 경험을 했다. 한때 웬일인지 낫토균이 섞여 들어가 빵 반죽이 흐물흐물해지고 빵이 만들어지지 않은 적이 있다. 아무리 살펴봐도 원인을 알 수 없었는데, 한 달 뒤에야 빵 반죽을 담당하던 직원이 연애 문제로 괴로워했음을 알게 되었다.

이런 일도 있었다. 식사 준비를 맡은 직원이 다음 날 아침에 밥할 쌀을 씻어놓지 않고 퇴근했기에 불러서 꾸짖었다. 그랬더니 대뜸 그만두겠다면서 부루퉁한 표정으로 쌀을 씻어놓고 갔다. 다음 날, 어찌나 바빴는지 저녁녘이나 되어서야 밥을 지었는데, 뚜껑을 여니 밥에서 이상한 냄새가 났다. 날씨가 더운 때도 아니어서 더 깜짝 놀랐다.

예부터 가라시즈케(겨자 절임. 채소 따위를 소금에 절인 뒤 겨자, 술, 누룩 등을 섞어 담근다 - 옮긴이)는 성내면서 담가야 제맛이라는 이야기를 오카야마현에서 들은 적이 있다. 그래야 매운맛이 더 산다는 것이다. 절임 음식도 발효 음식이 아닌가. 생각해보면 예나 지금이나 음식에는 자연스레 사람의 감정이 투영되는 것 같다.

나는 그저 일어난 사실을 말할 뿐이다. 물론 전문가에게 과학적으로 검증받은 적은 없다. 하지만 균과 생활하다 보면 신기한 일을 자주 겪는다. 균의 입장에서 보면 사람의 상식이 정말 옳은지 의문이 들 정도다. 균은 늘 이렇게 말하는 것 같다.

'인간이여, 조금 더 시간 여유를 가져라!'

그래서 다루마리는 초창기부터 줄곧 모든 직원에게 겨울 한 달 동안 유급휴가를 주어 쉬게 한다.

혹시 코로나19
때문일까?

2020년에는 누룩을 채취하는 과정에서 이전과는 다른 경험을 여러 차례 했다. 놀랍게도 두 번째 시도부터 깔끔하게 누룩균이 채취된 것이다. 전에는 검은곰팡이, 붉은곰팡이, 회색 곰팡이가 피면 누룩균을 거의 찾을 수 없었다. 한데 2020년에는 농약을 공중 살포한 뒤건 한여름에 방문 차량이 잔뜩 몰리건 간에 누룩균에 다른 곰팡이가 살짝 섞여 나타나는 정도에 그쳤다. 그러니까 2020년에는 시도할 때마다 평소보다 누룩균 비율이 훨씬 높게 나왔다. 왜 그랬을까?

"코로나19 때문 아닌지 모르겠네."

제빵팀장 사카이 신타로境普太郎의 말에 흠칫했다. 하기야 2020년 초부터 코로나가 퍼진 탓에 다루마리의 고객 수는 반 토막 났다. 세계적으로 봐도 해외여행이 사라졌고 공장이 문을 닫는 등 인간의 경제 활동이 극적으로 줄어든 상황이었다.

누룩균이 '다루마리여, 더 큰 안목을 가지시게!'라고 말하는 것 같았다. 평소와 확연히 다른 환경, 누룩균이 깨끗하게 내려앉을 수 있는 환경이 만들어진 원인이 코로나19로 인한 경제 활동 정체란 말인가? 그렇게 생각하니 작은 지역 차원에 머물던 내 사고가 얼마나 얕은지 뼈저리게 느껴졌다.

"전 세계의 인간 활동이 당신 주위 환경에 영향을 미친다네!"

귓가에 누룩균의 소리가 들리는 듯했다.

누룩을 채취한 지 12년째다. 누룩균은 자연환경에 민감하게 반응한다. 바로 그 자연환경에 대해 내 시야는 오래된 전통 가옥의 실내에서 지역 환경으로 이미 한 번 넓어졌다. 그리고 지금, 코로나19라는 세계적 변화를 계기로 시야를 한층 넓혀야 한다는 생각에 다다랐다.

나는 이제껏 내가 아는 범위 안에서만 답을 찾으려 했다는 사실을 깨달았다. 복잡하게 얽힌 관계성을 따지기 귀찮았던 것이다. 그래서 누룩균은 오래된 전통 가옥에서만 채취할 수 있다고 단정 지었다. 누룩균이 서식하는 환경은 끊임없이 변했는데 말이다. 그렇게 단정 지

다루마리의 지역 내 순환

산

숲

목재

장작

강

자연 재배

홉

무비료
무농약

맥주

피자

빵

대맥

제분기

호밀

밀가루

밀

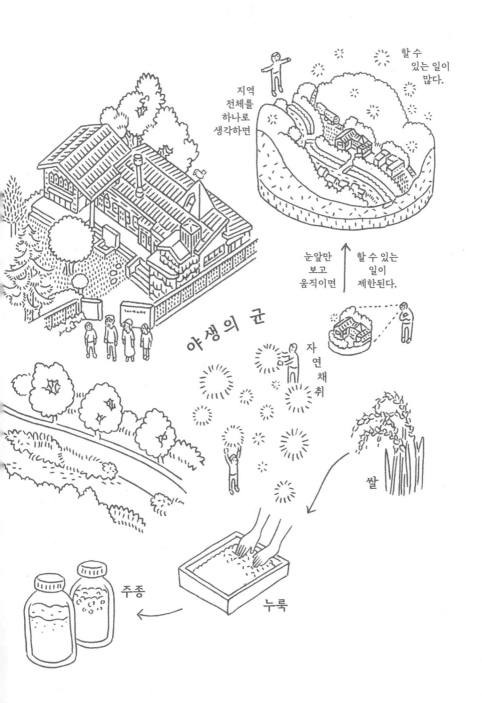

지역
전체를
하나로
생각하면

할 수
있는 일이
많다.

눈앞만
보고
움직이면

할 수 있는
일이
제한된다.

야생의 균

자연채취

쌀

누룩

주종

음으로써 나는 스스로 고착된 사고를 머릿속에 주입했다.

자연은 항상 변한다. 자연을 대변하는 균과 대화함으로써 늘 변하는 자신을 받아들일 수 있다면, 복잡하게 얽힌 거대한 현실 세계와 머릿속 이상의 간극을 줄일 수 있지 않을까? 이에 관해서는 나중에 다시 이야기하겠다.

다루마리식
장시간 저온 발효법

조금 게을러도
좋은 자연농법

2015년 6월 지즈초에서 일단 카페부터 개업했다. 빵과 맥주 공방
은 준비 작업에 시간을 더 들일 예정이었다. 그런 한편 무슨 일이 있
어도 다루마리의 핵심인 제빵 작업을 하루빨리 재개해야 한다고 가
슴 졸였다. 한편으로는 빵을 만들 때 맥주 효모를 쓰면 모르긴 몰라도
뭔가 큰 변화가 생길 거라는 기대 또한 커졌다.

"마리! 나 말이야, 일단 빵 레시피를 전부 바꿔볼까 해."

"아! 왜 그래야 하는지는 모르겠지만 그러고 싶으면 그렇게 해요."

상식적인 사람이라면 레시피를 갑자기 바꾸면 빵맛이 변할 테고,
그럼 오래된 단골을 놓칠 수 있다고 걱정하기 마련이다. 하지만 마리
는 달랐다. 결혼 12년, 다루마리를 시작한 지 7년, 그사이에 두 번이

나 가게를 이전했다. 부부로 살면서 매번 이해하기 어려운 행동을 하는 남편을 어찌 다뤄야 하는지 마리는 너무나 잘 알고 있다.

사실 나는 대략 일 년 전부터 시험 삼아 맥주 효모로 빵을 구워보았다. 그리고 그 방법을 쓰면 제빵 작업이 조금 수월해질 거라는 사실을 직감했다. 물론 당시만 해도 이론적으로 설명할 수 있는 단계는 아니었다.

전통 방식으로 빵을 만들려면 너무나도 오랜 시간과 노력이 들었다. 한마디로 중노동이었다. 제대로 된 빵집일수록 자가 배양 효모만 이용해 성실하고 정직하게 빵을 만든다. 문제는 매우 힘이 든다는 점이었다. 힘들어하는 빵집 주인을 만날 때마다 나는 조금 수월한 방법이 없을지 고민했다. 어쩌면 가장 많이 지친 사람은 나였을지 모른다.

빵 장인이 되기 전에는 경험을 쌓을수록 기술 수준이 높아져 편하게 먹고살 수 있는 분야가 제조업이라고 생각했다. 학창 시절에 후쿠오카 마사노부福岡正信(1913~2008. 농부, 철학자, 환경 운동가. 노자의 무위자연을 그대로 농업에 적용한 자연농법의 창시자. 무경운, 무농약, 무비료, 무제초 농법으로 지구 사막화를 방지하고 건강한 식량을 공급하자는 녹색혁명을 전개해 1988년 농업 분야에서 막사이사이상을 수상했다 - 옮긴이)의《짚한오라기의 혁명》을 감명 깊게 읽어서인지도 모른다.

그는 온갖 채소와 과일 씨앗을 진흙에 섞어 뭉친 '점토 경단'을 근처 들판에 획획 던져 놓았다가 나중에 제멋대로 자란 채소와 과일을 수확하기만 해도 된다는 놀라운 농법을 제시했다. 매사에 귀찮아하고 성실과는 거리가 멀던 나는 후쿠오카의 자연농법에 마음을 빼앗겼다.

그러나 농산물 유통 기업에 취직해 전국 농가를 돌아다니다 보니 친환경을 내세우는 농가 중에는 정부의 유기농 인증을 받는 전업농가가 많았다. 그래서 '현실은 자연농법을 실천할 만큼 녹록지 않다. 화학 비료와 농약만 자제하는 정도의 유기농이야말로 최선의 농법이다'라고 생각했다.

그러나 빵집을 경영하면서 자연 재배 농법과 그 수확물이 얼마나 좋은지를 통감했다. 나는 다시 후쿠오카의 자연농법이 떠올랐다. 오카야마현 시절에는 돗토리현에서 우엉을 자연 재배하는 한다 다카유키反田孝之라는 농부를 만나 밭을 견학한 적이 있었다. 밭이 어찌나 아름다운지 예술적이라는 느낌마저 들었다.

한다 씨는 17헥타르나 되는 드넓은 농지를 남의 손을 빌리지 않고 오로지 부부 둘이서만 깔끔하게 경작했다. 고생이 엄청날 거라고 추측했지만 한다 씨는 무비료·무농약 재배를 오래하면 땅이 비옥해져 논밭 관리도 쉽고 땅이 해마다 더 좋아진다고 알려주었다. 지즈초로 이전하기 전만 해도 나는 빵을 구우면 구울수록 힘들었다. 그 이유가 무엇인지 자문자답했다.

'빵을 만들면 만들수록 힘들다면 뭔가 잘못된 것 아닌가. 내 목표는 갈수록 수월해지고, 그와 비례해 노동의 재미도 커지는 것 아니었던가. 나도 한다 씨처럼 야생의 균, 자연 소재의 힘을 최대한 이끌어내 느긋하고 즐겁게 빵을 만들었으면 좋겠다.'

일본 식빵에서
힌트를 얻다

그런 생각으로 맥주 효모를 이용한 빵을 시도했는데 뭔가 느낌이 좋았다. 그리고 제빵 일의 방향과 앞으로 내가 해야 할 일이 손에 잡히는 것 같았다. 빵은 보리, 밀, 귀리로 만드니 같은 재료에서 형성된 효모, 즉 맥주 효모를 쓰면 어떤 조화로운 맛을 낼지 궁금하기도 했다.

일본을 포함한 동아시아의 벼농사 지대에서는 오래전부터 쌀의 전분을 당으로 바꾸는 당화 과정에 누룩균 등 곰팡이의 효소를 이용해 왔다. 그리고 나는 쌀과 누룩균으로 배양한 주종을 밀가루에 섞고 발효시켜 빵을 만들었다. 그런데 보리 종류로 만드는 빵과는 잘 어울리지 않는다고 할지, 뭔가 충돌이 일어난다는 느낌이 들었다. 주종에 들어 있는 단백질 분해 효소 때문에 빵 반죽의 글루텐(단백질)이 파괴되는 탓에 빵이 부풀지 못하고 실패한 적이 종종 있었기 때문이다.

유럽처럼 보리를 재배하는 지역에서는 보리 전분을 당화하는 과정에 맥아 효소를 이용했다. 그래서 탄생한 것이 맥주와 위스키, 물엿 등이다. 보리 재배에 적합한 땅에서는 빵에도 그 땅에서 배양한 맥주 효모를 이용해야 발효가 잘될지도 모르는 일이었다. 일반적인 제빵 공정은 다음 순서대로 진행된다.

믹싱(반죽 만들기) → 1차 발효 → 분할 → 성형(모양 만들기) → 2차 발효 → 소성(굽기)

다루마리의 경우, 믹싱 전에 효모 배양·조정 과정이 들어가고 밀가루도 직접 제분한다. 그중 특히 신경 쓰는 부분은 효모 조정이다. 반죽하는 시점에 효모가 가장 좋은 발효 상태에 도달하도록 조정해야 한다. 효모를 자가 배양하는 빵집은 매일 그런 섬세한 작업을 해야 하기에 긴장감으로 쉬이 지칠 수밖에 없다.

실제로 가쓰야마 시절에는 하루 아홉 종류의 반죽을 하는 데만 일곱 시간이 걸렸다. 반죽하는 내내 엉거주춤한 자세로 일곱 시간을 버티는 것은 뼈를 깎는다는 말이 딱 들어맞을 만큼 무척 고통스러운 작업이었다.

며칠 치 반죽을 한꺼번에 해놓고 싶어도 교과서에는 이렇게 적혀 있다. "빵 반죽을 냉장고에 하루 이상 두면 환경 변화와 당분 부족으로 효모가 죽는다. 그러면 발효가 일어나지 않아 빵을 만들 수 없다." 이것은 업계의 상식이었다.

내가 그 단단한 상식을 깨부순 계기는 '일본식빵'이었다. 《시골빵집》에도 썼던 다루마리의 히트 상품 '일본식빵' 말이다. 이는 지바현 시절에 처음 만든 빵으로, 쌀로 밥을 지어 짓이긴 다음 주종을 듬뿍 넣고 발효시켜 만든다. 쫄깃쫄깃한 식감과 주종이 내는 깊은 맛, 풍부한 향 덕에 큰 인기를 얻었는데, 지즈초로 이전하고는 못 만들고 있었다. 손이 너무 많이 가는 작업이라 감당할 수 없었기 때문이다.

먼저 주종을 만들기가 쉽지 않은데 그 주종을 대량 사용해야 했다. 또 중종(본반죽을 하기 전에 밥과 주종을 섞어 미리 발효해둔 것)을 만들어 조정하는 데 한나절이 걸렸고, 반죽이 끝나도 여러 시간이 지나야 발효되는 특징이 있었다. 그만큼 손이 많이 갔다. 지바현 시절에는 가게도 소규모였고 직원 수도 적었지만, 온전히 내 의욕만으로 해결할 수 있었다. 그런데 지즈초에서는 규모가 커서 일본식빵까지 만들기는 무리였다.

사실 오카야마현 시절, 손이 많이 가는 일본식빵을 쉽게 만들기 위해 피나는 노력을 했고, 저온에서 반죽한 뒤 일단 냉장했다가 그다음 날 아침에 굽는 기술까지 찾아내고 말았다. 그런데 그 단계에 이르자 '냉장 보관 기간을 하루 더 늘릴 수는 없을까?' 하는 생각이 들었다. 당장 시도하여 보기 좋게 성공했다!

다음에는 '자, 주종 반죽은 이틀간 냉장 보관할 수 있다. 건포도 효모는 어떨까?' 하는 의문이 들었다. 바로 실험해 또다시 성공했다! 모든 빵을 그렇게 한 것은 아니다. 당시 이틀 냉장에 성공한 빵은 건포도 효모를 이용한 건포도빵, 무화과와 캐슈너트빵 그리고 맥주 효모 바게트 정도였다.

이틀 치 반죽을 하면 일단 다음 날 쓸 분량은 건조기(빵을 발효시키는 기계. 온도를 조절할 수 있다)에 넣어 발효시키고, 다다음 날 쓸 분량은 냉장고에 넣었다가 굽기 전날 건조기에 넣어 발효시켰다. 그렇게 매일 하던 빵 반죽을 이틀에 한 번으로 줄이자 제빵 담당자의 몸과 마음이 상당히 편해졌다.

반죽을 조금 더 오래 냉장 보관할 수 있으면 반죽 작업의 빈도는 더 줄어들고 노동은 더 편해질 것이 틀림없었다. 나는 그날을 앞당기려고 실험을 멈추지 않았다.

꿈의 기술
탄생

맥주 효모를 넣은 반죽으로도 실험을 반복했다. 먼저 맥주 효모에 관해 설명하면 이렇다. 맥주 효모는 맥주를 1차 발효시켰을 때 생기는 침전물에 다량 포함되어 있다. 빵을 만들 때는 이 침전물을 밀가루와 반죽해 발효시킨 다음 굽는다. 참고로 이 침전물은 맥주맛을 떨어뜨리므로 맥주 공장에서는 통상 폐기하거나 건조 후 맥주 효모 정제를 만들어 판매한다.

가쓰야마에서는 음료로 마실 목적이 아니라 어디까지나 빵에 넣을 맥주 효모를 얻으려고 맥주를 만들었다. 그래서 아쉬운 대로 주방에서 들통에 맥아와 홉을 끓여서 작업했다. 그런데 주방에서 만들 수 있는 양은 최대 20리터 정도가 한계였고 일이 번거로웠다. 그러다 보니 맥주 효모 생산량이 적어 효모를 이용한 빵도 많이 만들기 어려웠다. 그런데 하루에 만들 수 있는 맥주 효모 빵이 소량이라고 해서 반죽까지 적게 하면 업무용 반죽기를 돌릴 수 없었다. 그렇다고 손으로 반죽하려면 상상을 초월하는 노동력이 들었다. 그야말로 딜레마였다.

일단 반죽기를 돌리려면 반죽 양이 사흘 치는 되어야 했다. 그래서 할 수 없이 사흘 치 반죽을 한꺼번에 했는데, 뜻밖에 맥주 효모를 넣은 반죽은 사흘간 냉장 보관해도 빵을 굽는 데 문제가 없고 맛도 안정적이라는 사실을 발견했다. 이후 지즈초로 이전했고, 정식으로 주조 면허를 땄으며, 맥주 공방을 꾸렸다. 물론 맥주를 음료로 판매할 목적이었지만, 이 공방 덕에 빵에 들어갈 맥주 효모도 대량 확보할 수 있었다. 그 의의는 정말 컸다. 대량의 맥주 효모를 빵에 활용해야 했으므로 레시피도 완전히 바꾸어 모든 빵에 맥주 효모를 이용할 수 있었으니 말이다.

시제품을 만들며 연구한 끝에 놀라운 결과를 얻었다. 반죽 작업을 일주일에 한 번만 해도 되는 기술을 개발한 것이다! 일주일 동안 보관해도 효모가 살아 있어서 굽기 전날 건조기에서 발효시키기만 하면 빵을 구울 수 있는 그야말로 꿈의 기술이었다. 이름하여 '다루마리식 장시간 저온 발효법!'

구체적인 제빵 일정을 설명하면 현재 다루마리에서는 주 5일, 즉 목, 금, 토, 일, 월요일에 빵을 굽는다. 이 닷새 치 반죽은 월요일에 한 꺼번에 해놓되 매일 쓸 분량을 나눠서 냉장 보관한다. 그랬다가 굽기 전날 냉장고에서 꺼내 건조기 발효를 거친 뒤 굽는다.

더구나 다루마리가 실현한 이 기술은 화학물질이나 균을 순수 배양하는 기술을 쓰지 않고 설탕, 달걀, 버터, 우유 같은 부재료도 없이 온전히 자연법칙에 따라 이루어냈으니 한층 더 기쁜 일이다. 또 맥주 효모를 쓰니 전보다 부드러운 먹기 좋은 빵이 완성된다.

누가 뭐래도 이는 획기적인 혁명이다. 제빵 작업은 맥주 덕에 압도적으로 수월해졌다. 나는 이 점을 널리 알리고 싶다. 야생의 균은 사람 의도대로 움직이지 않는 녀석들이라 생산성이 나쁘다는 세간의 상식을 뒤엎었으니 말이다. 완벽한 발상의 전환이다. 지금껏 부정적으로 보던 요소가 사실은 모두 긍정적 요소였음이 증명되었다!

'다루마리식 장시간 저온 발효법'이
통하는 이유

맥주 효모가 아니라도 가능할까?

'다루마리식 장시간 저온 발효법'을 이용하면 제빵 작업이 획기적으로 수월해진다. 그러니 전국의 제빵 종사자들도 한 번쯤 실험해보기를 권한다. 그나저나 맥주 효모를 넣으면 어째서 일주일 동안 냉장해도 반죽 속 효모가 죽지 않고 필요할 때 온도를 올리기만 하면 발효가 일어날까?

다루마리에서는 그것이 맥주 효모(침전물)에 포함된 맥아 효소 덕이라 추측하면서 지난 5년간 빵을 만들어왔다. 다시 말해 맥주 원료인 맥아에 포함된 당화 효소가 빵 반죽 속 밀가루의 전분을 수시로 당화해서 효모의 먹이인 당분이 끊임없이 공급되는 것이라고 본 것이다. 하지만 곰곰이 생각해보면, 맥아에 포함된 당화 효소는 맥아와 홉을 끓여 맥아즙을 만들 때 고온에서 불활성화했을 것이 틀림없다.

그래서 이 책의 집필을 계기로 '다루마리식 장시간 저온 발효법'이 통할 수 있는 이유가 정말로 맥주 효모 때문인지 확인하기 위해 두 가지 실험을 했다. 첫 번째 실험에서는 다음 두 가지 패턴으로 빵 반죽을 만들었다.

A. 맥주 효모와 건포도 효모를 함께 써서 발효시키는 바게트
B. 건포도 효모만으로 발효시키는 바게트

각각의 반죽을 냉장고에서 1주일, 2주일, 3주일간 보관한 뒤 빵이 구워지는지 조사했다. 그 결과 A, B 모두 1~3주간의 냉장 보관 뒤 아무 문제 없이 빵이 구워졌다. 맥주 효모를 넣지 않고 건포도 효모만으로 발효시켰을 때도 '다루마리식 장시간 저온 발효법'이 통한 것이다. 그렇다면 꼭 맥주 효모를 쓸 필요는 없다는 말일까? 만약 맥주 효모 없이도 '다루마리식 장시간 저온 발효법'을 이용할 수 있다면 더 많은 사람이 쉽게 작업에 적용할 것이다.

두 번째 실험은 밀가루의 질과 관련이 있는지 알아보는 것이었다. 앞에서 언급한 대로 다루마리에서는 자체 제분기로 갓 제분한 밀가루를 배합해 빵을 만든다. 이렇게 갓 제분한 밀가루에 포함된 효소 덕에 '다루마리식 장시간 저온 발효법'이 통하는지도 모를 일이었다. 그래서 다음 네 가지 패턴으로 빵 반죽을 만들었다.

Ⅰ. 건포도 효모만 쓴 경우

Ⅱ. 맥주 효모와 건포도 효모를 함께 쓴 경우

그리고 이 둘에 대해 다시

A. 자가 제분한 밀가루를 배합한 빵 반죽

B. 제분회사에서 구입한 밀가루만 쓴 빵 반죽

이런 조건으로 앞의 실험과 마찬가지로 1~3주간 냉장 보관한 뒤 빵이 구워지는지 비교해보았다. 그랬더니 여기서도 모든 경우에 문제 없이 빵을 구울 수 있었다.

결과를 보고 몹시 난처했다. '다루마리식 장시간 저온 발효법'의 성공 요인이 맥주 효모라고 생각했는데 그렇지 않다는 사실을 확인했기 때문이다. 게다가 밀가루도 그 원인이 아니라니 어리둥절했다. 만약 조건과 상관없이 빵이 구워진다면 전에는 뭐 하러 그리 매일 반죽을 했단 말인가? 혹시 콜럼버스의 달걀처럼 처음부터 누구나 할 수 있는 당연한 일이었는데 혼자 뒤늦게 발견하고 신기해하는 걸까?

다루마리의 맥주 효모는 죽지 않는다?

다루마리에서는 맥주 침전물을 제빵용 효모로도 쓰고 맥주용 효모로도 쓴다. 그런데 맥주 제조 과정에서도 특이한 현상이 일어났음을 알게 되었다.

사실 내가 볼 때는 신기할 것 하나 없는 당연한 일이었다. 그 현상을 주목한 계기는 세무서 주세 담당자가 던진 질문이었다.

"다루마리에서는 시판 효모를 사지 않고 어떻게 술을 만드세요?"

"맥주 침전물을 효모로 이용합니다."

"예? 아니, 맥주 침전물을 효모로 쓴다고요? 새 효모 없이 계속 그렇게 반복한다고요? 그럴 수가. 다른 양조장에서는 술을 담글 때마다 시판 이스트를 매번 새로 넣거든요. 침전물을 계속 쓰다니 아무리 그래도 그 작업을 몇 번만 하면 효모가 다 죽을 텐데요."

다루마리에서는 맥주를 만들 때 대형 탱크에서 1차 발효가 끝나면 10~30리터짜리 소형 탱크로 옮겨 냉장 보관하면서 숙성 기간을 거친다. 대형 탱크에서 소형 탱크로 옮길 때 침전물은 5리터 탱크에 담아둔다. 그랬다가 다음에 새로 맥주를 만들 때 효모로 투입한다. 물론 다른 효모는 전혀 첨가하지 않는다. 그래도 매번 제대로 발효가 일어난다.

조금 더 상세히 설명하면 이렇다. 다루마리에서는 맥주 종류별로 각기 다른 자가 배양 효모를 사용한다. 예를 들어 감, 키위, 밀, 건포도, 건조 무화과 등에서 채취한 자가 배양 효모를 상품별로 구분해서 쓰는 것이다.

이렇게 하면 자주 만들지 않는 상품의 효모는 길게는 반년이나 냉장 보관하게 된다. 그래서 오랜만에 만들 때는 '먹이도 주지 않은 5리터 탱크 속에서 애들이 아직 살아 있을까?' 하는 불안감도 느껴지는 것이 사실이다.

하지만 맥아즙에 투입해보면 그다음 날에는 여지없이 발효가 활발히 일어나 뽀글뽀글 거품을 낸다. 반년이나 냉장 상태에 있던 효모가 제대로 된 알코올 발효를 일으키는 것, 즉 당을 분해해 알코올과 이산화탄소를 내놓는 것이다.

나는 2017년 가을부터 맥주를 만들었고, 그때 자가 배양한 효모를 지금까지 무려 3년 이상 이런 식으로 반복해 사용하고 있다.

빵에 넣는 다른 야생 효모들도 어느 정도 방치해보았지만 죽지 않았다. 그래서 우리는 일 년에 한 번, 겨울에 4주 동안 휴가를 즐길 수 있다. 휴가 때는 효모를 냉동했다가 영업을 재개할 때 해동해 사용하기 때문이다.

균의 자연 선발

이런 실험 결과를 어떻게 해석해야 할까? 이쯤 되니 전문가에게 문의할 수밖에 없었다. 그래서 전에 누룩균 DNA 검사를 의뢰했던 돗토리대학 농학부 고다마 모토이치로 교수에게 상담했다. 다루마리의 제빵, 맥주 양조 현장에서 일어난 일련의 현상에 관해 말씀드렸더니 고다마 교수는 이런 답을 주었다.

"맥주 효모를 그렇게 반복해서 쓸 수 있다니 정말이에요? 하기야 실제로 그렇게 작업을 하신다는 거죠? 그리고 빵 반죽을 몇 주간 냉장 보관해도 효모가 죽지 않는다니 한 가지 가능성으로 이런 걸 생각해볼 수 있겠네요. 다루마리에서 제빵 작업을 반복하는 사이에 저온, 기아 상태에서도 살 수 있는 효모가 선발됐다는 거예요. 말하자면 연비가 좋은 효모가 살아남은 거죠. 몇 주씩 냉장 보관해도 그동안 빵 반죽 안에 든 소량의 당분을 이용해 살아남을 수 있는 효모가 자연스레 선발되었다고 보는 겁니다. 그럴 가능성이 가장 크지 않겠어요? 그런데 이해할 수 없는 점들도 많아요. 정말 흥미롭네요. 괜찮으시다면 다음에는 그 실험에 저도 참여시켜주십시오."

그제야 납득이 갔다. 저온, 기아 상태를 견딜 수 있는 효모라니, 아무튼 생명력 강한 다루마리에 딱 어울리는 효모가 아닐 수 없다. 일단은 '그래, 건포도 효모와 맥주 효모를 척박한 환경에서 계속 살려 썼으니 생명력 강한 효모만 선택적으로 살아남았을 수도 있겠다'라고 생각했다.

하지만 '다루마리식 장시간 저온 발효법'이 통하는 이유가 고다마 교수의 말처럼 다루마리에서 수년간 배양한 균의 성질 덕일 수 있다 하더라도 단순히 균에서만 그 이유를 찾기에는 뭔가 부족한 느낌이 드는 게 사실이다.

균의 성질이 그 이유 중 하나일 수 있으나 직원들의 노력과 기술 또한 배제하기 어렵고 지즈초의 깨끗한 자연환경과 자가 제분한 밀가루 등 다양한 요인이 복합적으로 작용했을 수도 있다. 아직은 명확히 해명되지 않았지만 이 기술에 관심 있는 전국의 빵 장인들과 함께 확인할 기회가 있으면 좋겠다.

　분명한 것은 교과서대로만 했다면 이 같은 혁신이 일어나지 않았다는 점이다. 이 시대를 사는 우리는 단순한 인과관계만 보고 정답을 찾는 '과학'을 신봉하기 쉽다. 하지만 그런 자세로 인해 자연 소재의 잠재능력을 끌어낼 기회를 잃고 있는 건 아닌지 돌아보아야 한다.

2부 균의 소리를 듣다

3장

발효에 얽힌
수많은 인연

곰팡이 상태로
길흉을 알아보다

2016년 구마모토 지진(2016년 4월 구마모토현에서 발생한 규모 7.3의 지진. 2011년 동일본 대지진 이후 처음으로 일본 기상청의 진도 7을 기록 - 옮긴이) 때 처음 안 사실이 있다. 사가현 미야키초에 있는 지리쿠하치만구라는 신사에서 미래를 점치는 '오카유다메시'라는 전통 행사를 1,200년 이상 이어오고 있다는 것이다. 구마모토 지진을 정확히 예견해서 유명해진 오카유다메시는 이런 방식으로 이루어진다.

해마다 2월 26일에 엄선한 쌀 한 되 여섯 홉에 물 18리터를 붓고 죽을 끓인다. 완성된 죽을 제사용 놋그릇에 담고 그 위에 젓가락을 열십자 모양으로 걸쳐 동서남북 지역명, 즉 지쿠젠, 지쿠고, 히젠, 히고로 나눈다. 이 놋그릇을 신전 안에 보관한다. 3월 14일에 죽 그릇을 공개한다. 이때 곰팡이가 핀 상태를 보고 그해 기후와 농작물 수확, 기타 지진이나 태풍 등의 길흉을 점친다. 세상에! 쌀에 앉은 곰팡이 상태를 관찰해 환경 변화를 파악하다니 내가 하는 누룩균 채취와 같은 행위가 아닌가!

"와, 우리가 하는 것과 똑같아! 이런 행사가 그 옛날부터 있었다니 놀랍다, 정말!"

마리와 나는 매우 흥분했다. 이 행사도 자연환경의 변화와 함께 어쩌면 그 지역에 퍼진 '기운' 같은 것을 곰팡이에서 보는지도 모른다. 마리는 오카유다메시에 감격하다 말고 갑자기 진지한 얼굴로 이렇게 물었다.

"그런데 저 행사에 쓰는 쌀은 어떻게 재배했을까? 무비료·무농약 재배일까?"

그러고 보니 정말 궁금했다. 거기서는 어떤 쌀을 쓸까? 다루마리에서는 주위 환경뿐 아니라 사용하는 쌀의 재배 방법에 따라서도 곰팡이 종류가 다르게 나타난다. 그러니 분명 저 행사의 결과에도 쌀의 재배 방식이 영향을 미치지 않을까 짐작해본다.

농업 근대화로 누룩이 달라지다

일본에 공업화의 물결이 급격히 밀어닥쳐 자연계에 화학물질이 늘

어난 시기에 누룩 빚는 과정에서 일어난 변화를 눈여겨본 사람이 있다. 1950년 오카야마현 소자시에서 마루미まるみ 누룩 본점을 창업해 누룩과 된장을 만들던 아마베 미쓰오山辺光男 씨다. 그의 저서《누룩과 대화麹と対話》를 보면 이런 내용이 나온다.

"1950년 중반에서 1960년 중반에 번진 노동 절약, 기계화로 근대 농업은 변화했다. 누룩 빚기도 엄청난 영향을 받았다."

당시 오카야마현 구라시키시 미즈시마에는 임해공업단지가 조성되었고 많은 인력이 농촌에서 빠져나갔다. 기존의 논농사는 소를 몰며 온 가족이 총출동해 풀을 뽑고 벼를 수확했다. 쌀은 볕에 말렸다. 하지만 농촌 사람들도 현금 수입을 찾아 평일에는 공업 지대에서 일하고 농작물은 주말에만 돌보게 되었다. 자연히 농사일에서는 손쉬운 농업용 기계와 화학비료, 제초제가 널리 퍼졌다.

하지만 화학비료를 쓴 탓에 토양은 산성화했고 소를 몰 때는 없었던 해충이 늘자 농약까지 살포해야 했다. 농약 살포 빈도는 점점 늘었고 농약이 듣지 않을 때쯤에는 다시 새로운 농약을 도입했다.

지역에 따라 쌀 품질에도 차이가 나기 시작했다. 오카야마현에서 생산한 쌀의 품질을 바다와 접한 구라시키 쪽과 북부 산간 지역으로 나누어 비교하면, 농업 근대화 전에는 구라시키 쪽 쌀이 더 양질이라 누룩도 잘 빚어졌다. 그런데 근대화 후에는 구라시키 쪽 쌀의 품질이 점점 떨어져 좋은 누룩을 빚을 수 없었다. 그에 반해 산간 지역 쌀에는 변화가 없었다.

"세월이 지나면서 전통 농법으로 쌀을 재배하던 북부 지방의 계단

2부 균의 소리를 듣다

식 논에서도 점차 소를 보기 어려워졌다. 화학비료와 농약에 의존하는 농법이 퍼졌고, 햇빛 건조도 사라지는 등 재배 방법은 완전히 변했다. 이리되니 결국 어느 쌀을 써도 예전 같은 좋은 누룩은 빚을 수 없었다. 그래서 나는 누룩이 잘 빚어지지 않는 원인이 쌀의 재배 방법이라는 사실을 분명히 알게 되었다."

이 구절을 읽으니 내가 누룩을 채취하며 얻은 경험과 일치한다는 생각이 들었다. 앞에서도 썼다시피 비료를 많이 주고 키운 쌀에는 누룩균 외에 다른 곰팡이가 많이 피는 경향이 있다. 야마베 씨는 농업 근대화 흐름에 따라 화학비료를 많이 쓴 탓에 쌀이 질소 과다 상태에 빠졌기 때문에 누룩을 빚을 때 부패균이 들어간다는 말을 한 게 아닐까. 참고로 당시에 쓰던 씨누룩은 전통 방식으로 빚어진 야생에 가까운 누룩이었을 것이다.

기계 누룩이
퍼지다

그렇게 농업의 근대화로 쌀의 질이 떨어지는 동안 일본 양조업계에는 기계화로 인한 대량 생산 방식이 도입되었고, 사람들은 기계 생산에 적합한 누룩과 효모 순수 배양 기술을 연구하기 시작했다. 1975년 일본양조협회 잡지에 게재된 마쓰야마 마사노부松山正宣의 논문 〈씨누룩〉을 보면, 1958년에 기계를 이용한 누룩 제조에 관한 기초 연구가 시작되었다는 내용, 1969년에는 그에 적합한 누룩균 연구가 시작되었다는 내용이 다음과 같이 기술되어 있다.

"노동 절약과 누룩의 균일화라는 측면에서 양조업계 전반에 기계 누룩이 퍼졌고, 기계 제조업체가 각종 누룩 제조 기계를 고안했으며, 기계 누룩에 적합한 누룩균 균주까지 선택할 수 있게 되었다."

기계를 이용해 누룩을 만들어내기 전의 전통적 방식은 소형 목제 누룩뚜껑(배양 용기)을 쓰면서 장인이 밤낮으로 온도와 습도를 관리해야 했다. 그런데 이 경우 공장의 작업 시간대에 맞추려고 30시간 정도면 관리할 수 있는 누룩균 균주를 선택해야 했다고 한다.

또 자연 누룩균으로 양조한 일본주는 갈색인데, 무색투명하면서 담백하고 부드러운 일본주를 양조하기 위해 누룩균에 자외선을 쐬었다고 한다. 그러면 누룩균이 인공적 변이를 일으켜 갈색이 사라지기 때문이다. 실제로 1974년부터는 그렇게 개발한 누룩균을 이용해 청주를 양조했다. 이렇게 순수 배양균이 개발되자 순수 배양균 외의 균은 모두 눈 밖에 나고 말았다. 논문에는 이렇게 적혀 있다.

"누룩이 끈적이는 원인이 세균이라는 보고가 나온 이후 (중략) 사람들은 양조장에서 짚을 몰아내기 시작했다. 원래 씨누룩을 빚을 때는 누룩뚜껑과 크기가 꼭 맞는 뚜껑을 덮거나 누룩뚜껑 위에 깨끗한 물에 적신 멍석을 덮음으로써 원료인 쌀의 습기가 빠져나가지 못하게 했다. 그런데 짚을 꺼리면서부터는 이 방법을 버리고 면포를 응용했다. 완전히 살균한 천 덮개를 도입한 것인데, 이 방법이 오늘날에 이르고 있다."

2부 균의 소리를 듣다

© Kazue Kawase

© Mina Soma

© Mina Soma

© Mina Soma

오래전 문을 닫은 보육원을 리모델링한 시골빵집 '다루마리'의 외관. 이곳에서 빵과 맥주를 만들고 카페에서는 피자와 샌드위치도 제공한다.

아름다운 누룩. 2021년 4월 1일 촬영.

2017년 여름 누룩 관찰 일지

7월 15일
불순물이 비교적 적은 누룩.

7월 24일
인근에 농약을 살포한 후 누룩에 검은곰팡이가 핌.

8월 18일. 명절 연휴의 차량 배기가스가 나쁜 영향을
주고, 직원들이 지쳐 가장 나쁜 회색 곰팡이가 생김.

9월 11일
상황이 좋아져 비교적 순도 높은 누룩을 얻음.

주종을 만들기 위해 쌀을 불려 야생 유산균을 채취한다. 이른바 술밥.

© Mina Soma

술밥의 상태를 확인하는 와타나베 이타루.

지즈초 근처 쓰야마산 밀을 직접 제분해 쓴다.

© Kazue Kawase

반죽을 분할하는 이타루.

© Kazue Kawase

다루마리의 내부 모습.

빵을 판매하는 마리.

다루마리의 카페 공간.

두유 바나나빵. 물을 전혀 넣지 않고 주종, 바나나, 두유의 수분만으로 풍성한 맛을 낸다.

온라인 판매용 빵 모둠.

헤이즐넛 초코 스콘. 지역에서 난 밀가루를 100% 자가 제분하여 만들었다.

주종 스콘. 주종으로 발효시켜 오묘한 맛을 담았다.

통밀 가루 효모로 만든 시골빵.

토마토소스 치즈 피자. 도우 반죽에는 맥주 효모와 주종, 자가 제분 밀가루를 사용한다. 토마토소스의 토마토는 지 즈초에서 자연 재배한 것이다.

여름 한정 디저트인 복숭아와 리코타 치즈 아이스크림. 히루젠의 치즈 농가 일리코타로가 생산한 리코타 치즈 와 돗토리현에서 난 복숭아를 사용해 만들었다.

깊은 맛이 나는 소박한 플레인 스콘.
직접 만든 라즈베리잼과 두유크림을 곁들인 호두빵.

초창기에 쓴 소형 돌절구 제분기 두 번째로 들인 오스트리아제 돌절구 제분기

롤 제분기

근처에서 임업과 농업에 종사하는 이웃들이 홉 자연 재배에 힘써주고 있다.

홉을 살펴보는 이타루.

다루마리에서 만든 맥주.

맥아와 홉을 끓여 맥아즙을 만들고 있다.

다루마리의 맥주 양조장.

맥주 레드존에일에 사용하는 무화과 효모.

맥주통들.

다루마리 앞뜰에서 웃고 있는 와타나베 부부.

고객들에게 상자와 종이봉투를 재사용하겠다고 하자 사용하지 않은 상자들을 보내주었다.

와타나베 네 가족. 왼쪽부터 와타나베 이타루, 아들 히카루, 딸 모코, 아내 마리.

이타루의 쉰 살 생일에 직원들이 직접 케이크를 만들어 축하해주었다.

멀리서 바라본 다루마리. 지즈초 나기 지구 뒷산이 감싸고 있다.

이처럼 균의 순수 배양이라는 과학기술이 등장하자 농업 근대화가 누룩 제조에 어떤 악영향을 미쳤는지는 생각할 필요도 없어졌다. 인과관계만 철저히 따지는 과정에서 균이 아예 개량되었다는 뜻이다. 그 어떤 환경과 재료가 주어져도 실패 없이 대량 생산할 수 있게끔 발달한 순수 배양 기술은 양조업자가 혹할 만한 발명이었다. 야생의 균을 통해 자연과 소통하던 장인의 기술은 사라졌지만 말이다.

발효는 인과가 아니라 인연

과학이라는 관점으로 접근한다면 음식이 발효하지 않고 부패할 때는 인과관계를 따져서 원인을 찾아 해결해야 한다. 그런데 이 방법이 정말 옳다고 할 수 있을까? 물론 실패한 원인을 찾아내 실패하지 않도록 하는 논리적이고 과학적인 태도를 부정하는 것은 아니다.

다만 내가 묻고 싶은 것은 실패를 분석할 때 버려진 요인, 논리 밖의 여러 요인은 정말 무의미한가 하는 점이다. 이는 내가 논리 밖에 있는 무의미한 것들을 다시 한번 확인함으로써 혁신을 이루었다는 자부심이 있는 사람이기에 던지는 질문이다.

경험상 발효를 일으킬 때는 합리적 인과관계만으로는 야생의 균이 가진 잠재력을 끌어낼 수 없다. 하나의 결과에 하나의 답만 찾는 방법을 고집하는 건 너무 편협한 자세가 아닐까? 그래서는 세상을 더 큰 시스템으로 파악할 수 없다.

나는 야생의 균을 이용한 발효에 실패했을 때 많은 원인을 떠올린다. 공방의 위생, 장인의 기술, 재료의 품질, 자연환경의 변화, 노동자의 피로도 등 결과에 대한 원인을 딱 하나만 꼽을 수는 없다.

앞서 등장한 푸른곰팡이 이야기처럼 뭔가 미신 같은 판단을 할 때도 있지만, 그것은 해당 현상을 그저 이해하기 어려운 현상으로 치부하고 잊어버리지 않기 위해 일시적으로 그런 의미를 부여하는 것이다. 새로운 현상이 또 나타나면 그때마다 원인을 다시 생각하고 수정하면서 현상을 이해한다. 푸른곰팡이가 발생하는 현상도 지속해서 검증하다 보면 다른 답을 얻을 수도 있다.

전체를 이해하려면 이해하지 못한 부분을 버리기보다는 잠시 보류하면서 전체를 있는 그대로 파악하고 깊이 따져야 더 정확한 답에 다가갈 수 있다. 나는 이 같은 모호함이 역동적인 사고로 이어지며, 어떤 변화에도 대응할 수 있게 도와준다고 믿는다.

발효 환경은 단순한 '인과'가 아니라 복잡한 '인연'으로 파악해야 한다. 인연으로 보았기에 남들이 생각하지 못한 '다루마리식 장시간 저온 발효법' 같은 혁신이 나왔다. 그런 과정을 거쳐 흑백을 분명하게 나누려는 원리주의적 속박에서 벗어나 자유로운 사람이 되었다.

2부 균의 소리를 듣다

좋은 균, 나쁜 균이라는
이분법을 넘어

야생의 균을 이용한 발효는 모호하지만 역동적이다. 장인은 실패하지 않도록 면밀히 관찰해 소재와 균의 성질을 이해한 다음 그들이 자연과 하나가 되도록 한다. 틀에 박히지 않은 제조 행위는 매번 깊은 생각을 거친 후 완성된다. 스승이나 선배에게 배우는 것보다 자연과 마주하는 것이 기술 습득에 더 도움이 되기에 때로는 장인과 장인 사이의 주종 관계마저도 무의미해진다.

제조 행위가 역동적이면 장인은 날마다 현상을 관찰해 경험을 쌓을 수 있고, 전체의 관계성 속에서 직관적으로 최적의 답을 끌어낼 수 있다. 그리고 모든 소재와 현상을 포괄적으로 파악해 수많은 관계성이 최대한 좋아지는 쪽으로 움직일 수 있다.

그렇게 되면 장인은 귀한 소재와 하나 되어 자신이 만들어낸 결과물을 자기 분신처럼 느끼게 된다. 그래서 다루마리에서는 빵과 맥주는 물론이고 그 밖의 온갖 식재료들을 절대 버리지 않는다. 사람이 도저히 먹기 어려울 만큼 실패한 빵이나 맥주 지게미도 인근 농가에 가져다 소에게 먹인다. '아깝게 여기는' 마음은 음식 낭비 문제에 대한 해결책도 된다.

우리는 최대한 많은 사람, 많은 생명체가 행복해져야 나도 행복해진다는 자연계의 논리를 이해해야 한다. 이를 분명히 인식하려면 자연계가 늘 역동적이라는 사실을 매일 실감해야 한다. 그렇다고 꼭 나

같은 장인이 되어야 한다는 말은 아니다. 예를 들어 집에서 음식을 만들 때도 역동적인 자연의 움직임을 충분히 느낄 수 있다.

생산·제조 행위가 정적일 때는 각각의 인과관계를 명확히 밝혀 분명한 논리 속에서 도움이 되는 것과 도움이 되지 않는 것을 구분하게 된다. 그리고 불안정한 요소는 합리적 판단을 내세워 배제한다. 그런데 도움이 되지 않는 건 필요 없다는 생각은 우리를 과학적으로 '좋은 균'만 이용하고 '나쁜 균'은 살균·멸균하는 방향으로 나아가게 한다.

이 같은 합리적 사고에서 탄생한 논리가 사회에 물질적 풍요를 가져온 것은 분명하다. 하지만 논리 밖으로 버려진 불안정한 요소와 전통 기술이 모조리 불필요한 것은 아니다. 우리처럼 역동적인 제조 행위로 역동적인 사고를 해야 인과관계 밖에 있는 기술이나 자연법칙을 재구축할 수 있을지도 모른다.

'다루마리식 장시간 저온 발효법'이 태어난 배경에는 소재는 생명이기에 항상 변한다는 사고방식이 있다. 이 기술은 교과서 이론에 매몰되지 않고 이론 밖에 있는 가능성을 믿었기에 탄생시킬 수 있었다.

참고자료
• 미야키초 관광협회 홈페이지 '지리쿠하치만구 오카유다메시'
  http://miyakikankou.jp/main/99.html
• 마쓰야마 마사노부, 〈씨누룩〉, 《일본양조협회잡지》 1975년 제70권 제10호, 705~708쪽.
  http://www.jstage.jst.go.jp/article/jbrewsocjapan1915/70/10/70_10_705/_pdf/-char/ja

3부

맥주 장인으로 거듭나다

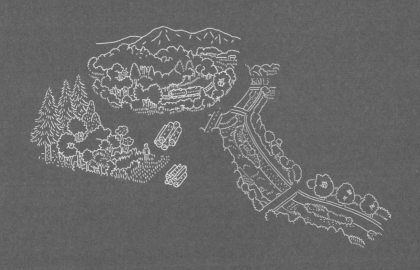

1장

맥주의
무한 변신을 꿈꾸며

맥주 업계에 만연한
갑갑한 분위기

　돌이켜보면 나는 획일적인 사회 상식, 가치관과 싸우는 데 내 청춘과 직장인 시절을 다 보낸 것 같다. 학교는 아이들의 재능을 무시하고 '성적'이라는 정량화된 잣대에 맞춰 등수를 매겼다. 아이들은 강요받은 가치관 속에서 자기 재능을 시궁창에 던져버렸다.

　모두 같은 방향으로 가야 한다는 억압된 분위기가 싫어 내 감정은 폭발했다. 펑크 밴드에서 노래를 만들고 기타를 쳤던 것도 사회의 동조 압력에 혐오감이 있었기 때문이다. 세상의 상황을 그대로 받아들여야 하는 데 대한 답답함에서 벗어나고 싶은 심정을 가사에 담아 불협화음을 연주했다. 하지만 그런다고 세상이 바뀌지는 않았다.

　프리터, 대학생, 직장인을 거치면서도 사회가 주는 갑갑함에서 벗어날 수 없었다. 근본 원인이 무엇인지 제대로 알지도 못한 채 화만 났다. 그러다가 언제부턴가 나도 그런 현실에 매몰되었고 내 한 몸 건사하기도 벅찼다.

그 시절로부터 20여 년이 지난 어느 날, 나는 익숙한 갑갑함을 다시 한번 마주했다. 맥주를 만들면서였다. 빵을 만드는 동안에는 느끼지 못했던 답답한 느낌을 맥주업계를 보면서 느낀 것이다.

우리는 운이 좋았다. 2008년에 다루마리라는 빵집을 열었을 즈음 일본에는 빵 붐이 일었다. 다채로운 빵이 시장에 넘쳤고 에스엔에스(SNS)가 보급되며 '빵 마니아', '빵 블로거'라 불리는 일반인이 다양한 취향의 빵과 빵집에 관한 정보를 퍼뜨렸다.

빵을 좋아하는 사람들은 빵을 평가할 때 고정관념에 얽매이지 않았다. 그 덕에 빵 문화는 화려한 꽃을 피웠다. 업계는 질과 양 모든 면에서 풍성해졌고 소비자는 각자 개성대로 자신이 좋아하는 빵을 즐겼다. 그 와중에 우리 같은 희한한 빵집도 호평과 비난을 모두 받으며 살아남았다.

"빵이 잘 팔리면 그만큼 지역 경제와 순환에 도움을 줄 수 있다."

다루마리의 경영 목표다. 하지만 이 이념에 따라 빵을 만들면 가격이 비싸진다. 이렇게 비싼 빵을 사줄 사람이 있을까? 개업 당시에는 불안과 걱정에 시달렸다. 실제로 초창기에는 '빵'이 너무 비싸다는 원성도 많이 들었다. 그러다 10년이 지난 지금은 싼 편 아니냐는 말도 듣는다. 원료 가격이 급등했기 때문이기도 하지만 최근 10년 사이에 빵을 보는 수준이 전반적으로 높아졌기 때문이기도 하다.

그런데 빵에서 맥주로 주 종목을 바꿨더니 두 업계의 차이가 너무나 커서 당황스러울 지경이었다. 맥주업계에는 '맥주 맛은 이래야 한다!'는 획일적 가치관이 뿌리 깊게 박혀 있었다. "분위기 왜 이래요? 숨 막힌다고요!"라고 외치고 싶을 정도였다. 아, 익숙한 이 느낌! 고등학교 다닐 때, 회사 다닐 때도 이렇게 갑갑했다.

그래! 오랜만이다, 갑갑한 공기야!

대기업이 과점한
'비정상' 맥주업계

빵과 맥주는 모두 막부 말기부터 메이지 초기, 다시 말해 대략 19세기 중반에 서양에서 들어온 식문화라는 공통점이 있다. 그런데 두 업계 분위기는 어찌 그리 다를까? 빵은 서양 문화와 일본 문화를 융합하면서도 일본인의 가치관을 반영하며 자유롭게 발전했다. 정답 따위를 정하지 않고 말이다. 맥주는 어땠을까? 이 점이 궁금해 둘의 역사를 조사·비교했다.

일본은 1850년부터 1870년 사이에 요코하마, 나가사키, 하코다테, 고베, 니가타를 개항하고 이 다섯 항구 도시에 외국인 거류지를 설치했다. 이를 계기로 일본인의 식생활은 서양의 영향을 받게 된다. 거류지에 살던 서양인은 빵을 먹어야 했기에 빵을 구울 수 있는 일본인 기술자를 키우려고 했다.

3부 맥주 장인으로 거듭나다

그런데 당시만 해도 이스트가 보급되지 않아 야생의 균을 자가 배양한 천연 효모를 사용해야 했다. 그때 서양인이 일본인에게 알려준 방법이 홉종법이다. 홉종을 이용하면 빵의 신맛을 줄일 수 있기 때문이다.

그런 서양인이 이번에는 맥주를 마시고 싶어 했다. 일본 빵업계에 홉종법이 완전히 자리 잡기 전이었다. 그리하여 1869년, 일본 최초의 맥주 양조소가 생기자 홉 수요가 급격히 늘어나면서 빵 공방들은 홉을 구하기가 어려워졌다.

그러자 일본 전통 발효법을 제빵에 활용하는 사람이 나타났다. 단팥빵의 원조로 알려진 '기무라야木村屋 총본점'의 창업자 기무라 야스베木村安兵衛(1817~1889)다.

그는 쌀과 쌀누룩으로 빚은 '주종'으로 빵을 만들었다. 홉종을 이용한 빵보다 식감과 맛에서 일본인 취향에 더 잘 맞은 주종 빵은 순식간에 인기를 끌었다. 그리고 곧 일본 특유의 빵 문화로 이어졌다. 나는 새로운 상품이 사람의 가치관을 넓힌다고 생각한다. 에도 막부시대에 상식에 얽매이지 않았던 자유로운 분위기는 일본인의 가치관을 넓혔고 그 덕에 주종 빵도 만들어질 수 있었을 것이다.

에도 막부시대에는 한정된 자원을 조금도 허투루 쓰지 않는 자원순환 사상이 철저했다. 모든 물건은 사람 손으로 만들었기에 모두 유일무이했다. 획일적이지 않았다는 말이다. 그러다 보니 사람들의 가치관도 다양했다.

맥주는 메이지 정부와 그 뒤를 이은 군사정권의 영향을 강하게 받았다. 20세기 전만 해도 일본의 맥주 문화는 다양했다. 1887년에는 전국에 맥주 양조회사가 100개나 있었다.

그런데 청일전쟁과 러일전쟁을 앞두고 전비 조달 창구로 주세가 주목받기 시작했다. 급격히 수요가 늘어난 맥주를 눈여겨본 메이지 정부가 맥주에 세금을 부과하기로 한 것이다. 그리하여 맥주 양조업자들이 반대했는데도 1901년 '맥주세'가 신설된다.

과세 부담이 늘자 업자들은 엄청난 타격을 받았다. 자본금이 넉넉지 않은 중소업자들은 차례로 문을 닫았고 맥주업계는 대기업 중심으로 재편되었다. 1994년에 주세법이 개정될 때까지 93년 동안 맥주업계는 2~4개 사가 지배하는 과점 상태였다. 지금도 아사히, 기린, 삿포로, 산토리 등 주요 4개 사가 대부분의 맥주 시장을 점유하는 실정이다.

그러다 보니 일본에는 1994년까지 대기업이 만드는 필스너 타입 맥주(체코의 필젠에서 처음 생산되었으며 쌉싸름한 맛과 부드러운 거품, 밝고 투명한 황금빛이 특징인 맥주 – 옮긴이)만 존재했다. 세계인이 흑맥주, 화이트 맥주, 허브나 과일이 들어간 맥주 등 참으로 다양한 맛을 즐기는 동안 일본인은 그런 맥주의 존재도 몰랐다. 필스너 맥주 하나만 마실 수 있는 상황이었다.

그 결과 '맥주 맛은 이래야 한다!'고 취향이 하나로 굳어 가 점점 다른 맛을 받아들이기 어렵게 되었다. 빵으로 비유하면 온 나라에서 바게트만 파는 꼴이라고 할까. 이 얼마나 비정상적인 상황인가.

맛 없 으 면
어 때 !

1994년의 주세법 개정으로 맥주 제조 면허를 취득하는 데 필요한 최소 제조량은 기존의 연간 2천 킬로리터에서 60킬로리터로 낮아졌다. 이로써 대기업뿐 아니라 중소업자들도 맥주를 제조하게 되었다. 전국 각지에서 신규업자가 시장에 뛰어들었고, 동시에 '지역 맥주 붐'이 일어났다. 한때는 전국에 300개 넘는 지역 맥주 양조장이 성업했으나 아쉽게도 그중 대부분은 문을 닫았다.

이 최초의 '지역 맥주 붐'은 어째서 진정한 의미의 다양성 확산에 실패했을까? 그때 시장에 뛰어든 업자들은 대부분 법률이 개정되어 시장 진입 문턱이 낮아진 것을 계기로 지역 부흥이나 특산품 제조를 내세워 등장했다. 소비자들도 새로운 맛을 찾아 일시적으로 마셔보기는 했지만, 결국 익숙한 대기업 제품으로 돌아갔다.

나는 법률이 대기업의 과점 상태를 빚어낸 역사야말로 맥주업계 특유의 폐쇄적 분위기를 만든 원인이라고 본다. 정치가 제조업과 그 종사자들에게 얼마나 큰 영향을 미치는지 보여주는 사례다. 맛있다는 감각은 원래 모호한 것이다. 그런데 우리는 그 감각이 마치 절대적인 것처럼 오해한다. 이것이 바로 가치관의 획일화와 통한다.

우리가 절대적으로 '맛있다'고 오해하는 근거는 그것이 많이 팔린다는 정량적 지표다. 다시 말해 대기업이 대량 생산하고 시장에서 대량 소비되는 맛에 '맛있다'는 딱지를 붙이는 것이다. 이는 결국 폐쇄적인 시장 시스템을 유지하고 가치관을 획일화하는 행위에 가담하는 짓이다. 그러다 보면 최종적으로는 세상이 하나의 답만 추구하게 되고, 소규모로 독자적인 무언가를 생산하는 사람이 살아남기 어려워진다.

자본주의 사회에서 다양성을 보장하려면 가장 약한 자가 살 수 있는 사회를 실현하면 된다. 나는 맥주를 만드는 사람으로서 이 사회에 다양성을 낳고 나아가 맥주 시장의 가치관을 넓히고 싶다. 그래서 내 목적은 '맛있는' 것, '멋있는' 것을 만드는 것이 아니다. 과장하면 '맛없는' 걸 만들면 어떤가 하는 게 내 생각이다.

빵 만드는 일도 그랬다. 다루마리 초창기에는 맛있다는 개념의 절대적 기준에 사로잡혀 있었다. 하지만 지즈초로 이전하고부터는 '맛'을 추구하는 행위를 멈췄다. 내 행위의 목적은 시장의 가치관을 넓히는 일에 도전하는 것이다. 그래서 세상에서 폭넓게 인정받는 성공 사례를 따르지 않고 '이렇게 표현할 수도 있구나!', '이런 상품도 있구나!' 하고 소비자가 놀랄 수 있는 제품, 시장에 다양성을 더하는 제품을 만들려고 노력한다.

입이 아닌
몸이 반응하는 맛

나는 지난 15년 가까운 세월 동안 빵을 만들었다. 초반에는 곱지 않은 시선도 많았지만 계속하다 보니 내 빵은 사람들의 인정을 받게 되었다. 이 또한 다양해진 가치관 덕분이다. 그 과정에서 맛있는 빵보다 자꾸 먹어도 기분 좋은 빵을 만들겠다며 쉬지 않고 빵을 개량했다.

자꾸 먹어도 기분 좋은 음식의 대척점에 있는 것은 더 많이 팔기 위해 만드는 음식이다. 첫술을 입에 넣는 순간에는 지극한 맛이 느껴지지만 그 강렬한 맛 때문에 먹으면 먹을수록 기분이 좋지 않은 음식 말이다. 음식 평가는 먹는 순간뿐 아니라 먹고 난 후 기분까지 고려해야 한다. 먹고 난 직후가 아니라 다음 날 그리고 그 이후 몸 상태와 기분까지 포함해서 말이다.

자꾸 먹어도 기분 좋은 빵을 만들려면 무엇보다 좋은 재료를 써야 한다. 맛을 보장하기 위해서만은 아니다. 내가 말하는 제빵에 이상적인 재료는 자연 재배한 농산물을 말한다. 비료와 농약 없이 키워 '땅'이라는 자연환경도 보전되는 방식으로 키운 농산물 말이다.

이렇게 사회적으로 의미 있는 제품을 만들겠다고 결심하면, 또 그런 생각으로 음식을 만들면 매번 한결같은 맛을 내기는 어렵다. 그때그때 약간 차이가 생기고 이른바 맛없는 음식이 만들어질 때도 있다. 당연한 결과다. 그렇지만 한결같지 않으면 어떤가!

2장

맥주는
숙성이 생명

유기농 원료를
어떻게 구하지?

2017년 7월, 지즈초에서 맥주를 만든 지도 2년이 되어가던 때였다. 이전한 뒤 줄곧 맥주를 담당하던 직원이 그만두었다. 맥주 제조를 모두 그에게 맡겼기에 큰일이었다. 하지만 또 그 덕에 나는 줄곧 손을 떼지 못하던 제빵 작업에서 벗어나 맥주 작업에 전념하게 되었다. 결과적으로는 나를 포함한 전 직원이 각자 힘을 더 잘 발휘하게 된 그 이야기를 하겠다.

맥주 담당 직원이 다루마리를 떠나자 나는 제빵 작업을 완전히 제자들에게 넘기고 온전히 맥주 제조에만 매달렸다. 서른한 살에 제빵 수련을 시작할 때도 힘들었지만, 마흔여섯 살에 새로운 분야에 도전하기도 대단히 어렵고 고생스러웠다.

맥주 제조 공정을 아주 간단히 설명하면 이렇다.

1. 맥아와 홉에 뜨거운 물을 넣어 맥아즙을 만든다.
2. 맥아즙에 효모를 넣어 알코올 발효를 일으킨다.

홉은 일종의 허브로 맥주에 쓴맛과 향을 입힐 뿐 아니라 맥주의 보존성을 좋게 한다. 맥주를 만들면서 가장 어려운 것은 바로 홉을 다루는 법이었다. 긴말 필요 없이 그냥 어려웠다. 도통 알 수 없었다. 홉은 산지와 품종에 따라 완전히 다른 쓴맛과 향을 냈다.

그런 홉을 어떻게 다뤄야 하는지 전혀 모르는 채 처음에는 맥주가 맛이 없어 매일 밤 가위에 눌렸다. 너무 끓여 맛없는 물건을 내놓았다가는 아무도 거들떠보지 않을 테니 말이다. 내가 아무리 잘 비벼왔기로 이 맥주에는 사회적 의미가 있으니 맛없어도 마시라고 말할 수는 없지 않은가.

어찌 됐건 빵과 마찬가지로 다루마리만의 맥주를 만들기로 했으니 질 좋은 재료 사용이 대원칙이었다. 맥주 제조 기술은 점차 나아질 테니 먼저 좋은 재료를 써서 발효가 잘되게 하자고 마음먹었다. 그래서 재료부터 좋은 것으로 골랐다. 게다가 다루마리에서는 맥주 효모를 빵 재료로 쓴다. 야생의 균만으로 발효를 일으킨다는 원칙은 빵이나 맥주나 마찬가지인지라 좋은 빵을 만들려면 먼저 맥주에 가능한 한 질 좋은 재료를 써야 했다.

맥주의 주원료인 맥아와 홉은 대부분 수입에 의존한다. 수입 원료

중 질 좋은 것을 고를 때 우리는 유기농 인증을 기준으로 삼는다. 그래서 기존 거래처에 물어보니 그 회사에서 수입해 판매하는 유기농 맥아는 독일산 필스너 몰트 한 종류뿐이며, 수요가 적어 반년에 한 번만 수입한다고 했다.

그래서 우리는 그 시기에 한꺼번에 사들인 다음 보관해두고 써야 했다. 거기까지는 좋았는데 유기농 홉은 수요가 없어 취급하지 않는다고 했다.

난감해하며 고민하던 어느 날, 주식회사 '노바Nova'의 부시 가즈키 ブッシュ一木 사장이 다루마리를 찾아왔다. 노바는 전국 빵집을 상대로 견과류와 건조과일 등 수입 유기농 식자재를 판매했다. 다루마리도 개업 초기부터 노바에서 재료를 사다 썼으므로 이래저래 10년 이상 인연을 이어오고 있었다.

신기하게도 부시 사장은 2011년 동일본 대지진 이후 지즈초 인근 야즈초에 유기농 농장을 꾸리고 있었다. 그래서 부시 사장은 야즈초의 농장에 갈 때마다 다루마리에도 들렀다.

2019년에는 회사 연수 때 직원들을 다 데려와서 점심을 먹고 가기도 했다. 그때 유기농 홉을 구할 길이 없다고 했더니 망설이지 않고 "알겠습니다. 저희가 해보죠"라며 유기농 홉을 수입하겠다고 했다. 그리하여 현재 다루마리에서는 100% 유기농 맥아와 유기농 홉으로 맥주를 만들고 있다.

왜 맥주업계는
유산균을 적대시할까?

사실 나는 맥주 장인이 된 뒤 마음 한구석이 편치 않았다. 유산균을 멀리해야 한다는 맥주업계의 상식 때문이었다. 다루마리는 빵과 맥주를 모두 야생의 균만으로 발효시킨다는 원칙을 지키고 있다. 발효에 간여하는 야생의 균은 효모뿐이 아니다. 누룩균이나 유산균 등 다양한 균류, 세균류가 존재하는 가운데서 발효를 이루어낸다.

그리고 나는 어떤 균도 나쁘게 보지 않는다. 그런데 맥주업계에서는 유산균을 아주 싫어했다. 유산균은 절대 '혼입'되어서는 안 되며, 철저히 '살균'해야 한다는 것이 업계 상식이었다.

유산균은 식품이 발효될 때 중요한 역할을 한다. 요구르트나 치즈, 김치와 장아찌, 술, 된장, 간장 등 우리에게 익숙한 식품이 발효될 때 반드시 있어야 하는 세균이다. 또 건강을 위해서도 적극적으로 먹어야 한다고 알려져 있다.

나는 빵을 만들면서 오랜 시간 그런 유산균을 가까이했다. 유산균은 참 좋은 녀석이다. 발효 초기 단계에는 부패균의 번식을 억제하고, 그 후에는 누룩이나 효모 등이 활동하기 쉬운 환경을 만들어주기 때문이다.

그런데 어째서 맥주업계는 유산균을 그리도 박대할까? 그 이유를 찾으려고 맥주가 만들어진 역사를 살펴보았다. 맥주의 역사는 고대 메소포타미아, 고대 이집트까지 거슬러 올라가는데 오늘날과 같은 맥주는 홉을 이용하면서 만들어졌다. 그럼 홉은 언제부터 이용했을까? 유럽에서는 13~14세기경부터 홉을 널리 이용했다. 그전에는 다양한 허브를 조합한 '그루트gruit'라는 혼합물을 이용해 '그루트 맥주'를 주로 만들었다.

그러다가 홉을 이용하면 상쾌한 쓴맛과 섬세한 향을 낼 뿐 아니라 보관하기도 쉬워진다는 사실을 알게 된다. 또 쓴맛을 내는 홉 성분은 유산균의 증식을 억제해 맥주의 변질을 막았다. 그 덕에 장거리 수송이 가능해지자 지금의 독일 땅에서 맥주 제조가 성행하게 되었고 중요 수출 품목으로 자리 잡았다. 마침내 1516년에는 바이에른공국의 빌헬름 4세가 맥주에는 반드시 홉을 써야 한다고 명시한 '맥주 순수령'을 반포하기에 이른다.

이로써 홉은 맥주 제조에서 확고한 지위를 마련했다. 그리고 1883년에 칼스버그연구소의 에밀 크리스티안 한센Emil Christian Hansen 박사가 효모의 순수 배양 기술을 개발하자 대량 생산의 길까지 열렸다.

이렇게 보면 홉을 이용하기 전에는 맥주 제조 기술이 안정적이지 않았던 탓에 유산균이 증식되면서 맛이 시거나 변질되는 사태가 일어났던 것 같다. 그런데 홉과 순수 배양 효모를 쓰면서부터 맥주를 안정적으로 대량 생산하게 되었다는 말이다. 그렇다면 기술이 발전한 오늘날에도 유산균을 적대시하는 이유는 뭘까?

비료와 농약을
덜 쓴다면?

그에 대한 답을 얻기 위해 두 가지 경험을 떠올려본다. 먼저 발효에 관한 경험이다. 나는 지금껏 여러 지역에서 발효를 경험했다. 그런데 지즈초로 이전하고 나서는 유산균이 잘 번식하지 않는다는 느낌이 들었다. 우리는 더 깨끗한 환경을 찾아 지즈초로 왔고, 실제로 이지역의 물과 공기는 전에 살던 곳보다 더 깨끗하다.

유산균은 빵의 효모가 될 주종을 만드는 첫 단계, 즉 술밥을 만들 때 증식시킨다. 지바현에서 오카야마현을 거쳐 지즈초까지 계속 장소를 바꿔가며 다양한 방식으로 술밥을 만든 경험에 비추어볼 때, 유산균은 어느 정도 오염된 환경에서 더 잘 번식하는 것 같다. 지바현이나 오카야마현에서는 술밥을 만들며 어려움을 겪은 적이 없는데, 지즈초처럼 매우 청정한 환경에서 그것도 무비료·무농약으로 재배한 이 지역 쌀을 썼는데 오히려 유산균이 잘 번식되지 않은 것이다.

다른 하나는 맥주 재료를 일반 재배품, 즉 관행 재배품에서 유기농으로 바꾸고 나서 경험한 내용이다. 맥아즙을 만들고 나면 맥아와 홉을 짜낸 지게미가 나온다. 그냥 버리기에는 아까웠으므로 인근 농가에 소 사료로 제공했다.

소 사육 농가의 후지와라藤原 씨는 언제나 직접 지게미를 수거하러 왔다. 그때까지는 우리가 보관했는데, 관행 재배품을 썼을 때는 지게미가 금방 부패해 심한 악취를 풍겼다. 그런데 유기농 원료로 바꾸니

지게미가 쉽게 부패하지 않았고 역한 냄새도 확연히 줄었다.

이 두 경험으로 볼 때, 현재 맥주업계에서 이용하는 재료나 환경이 사람에게는 깨끗할지 몰라도 균에는 그렇지 않을 수 있다는 추측을 할 수 있다. 그래서 아무리 홉과 순수 배양 효모를 써도 맥주에 유산균과 잡균이 쉽게 번식하는 게 아닐까. 유산균이 번식하기 쉽고 맥주가 쉬이 변질되므로 맥주 제조 현장에서는 무조건 유산균을 살균·멸균해야 하는지도 모른다.

이 같은 가설을 바탕으로 생각할 때, 맥아의 원료인 대맥을 생산할 때 비료와 농약을 가능한 한 덜 쓰면 그 재료로 만든 맥주에는 유산균이 잘 번식하지 않을 수도 있다. 그래서 앞으로 맥아 공장을 정비해 자연 재배한 대맥과 소맥으로 직접 맥아를 만들려고 한다.

역발상으로 유산균 맥주를 만들어보자

그러던 어느 날 문득 '유산균이 생길까 걱정하고 억제하기보다는 오히려 과감하게 유산균의 힘을 끌어내는 것이 다루마리다운 길이 아닐까?' 하는 생각이 들었다. 그래서 신맛을 내는 맥주, 즉 유산균 맥주를 만들어보기로 했다.

다루마리가 맥주 제조를 시작하기 얼마 전부터 일본에는 3차 수제 맥주 붐이 일었다. 세상에는 다양한 맥주가 있다는 사실을 일본인도 알게 된 것이다. 그런 가운데 살짝 신맛이 나는 맥주, 유산균 맥주에 주목하는 사람들도 있었다고 한다. 나는 그런 시류에 편승하려 한 것이 아니다. 시간이 지나서야 알게 된 사실이니까 말이다. 어쨌든 유산균 맥주 제조법에 관한 해설 기사를 보니 이런 내용이 있었다.

"여러 종류의 맥주를 만드는 양조장에서는 유산균이 다른 맥주에 혼입되면 큰일이기 때문에 유산균을 사용한 뒤 살균하면 유산균에 의한 감염을 약간 줄일 수 있다."

기사에서는 살균이니 감염이니 하면서 유산균을 마치 병원균처럼 취급했다. 나로서는 그런 방식이 못마땅해 견딜 수 없었다. 일본의 맥주 양조장에서는 대부분 저런 사고방식을 따른다. 기본적으로 유산균은 위험하니 다 쓰고 나면 죽이라는 것이다. 하지만 나는 이에 찬성할 수 없었다.

나는 10년 넘게 빵에 넣는 효모로 주종을 만들면서 야생의 유산균을 늘 접했기 때문에 유산균을 지극히 친근하게 느낀다. 그래서 나만이 만들 수 있는 유산균 맥주를 선보이고 싶어 당장 유산균을 배양했고, 술을 빚을 때 쓰는 3단계 양조법을 유산균 맥주에 응용해보았다.

술밥부터 만드는 전통 일본술 제조법에서는 유산균과 누룩균, 효모 세 종류의 균을 조화롭게 공존시켜 술을 빚는다. 먼저 술밥을 만들 때는 유산균을 충분히 활성화해 잡균을 억제한 다음, 밥과 쌀누룩을 더해 효모를 활성화한다. 효모에 의해 알코올 발효가 진행되면 유산균의 작용이 억제되어 그때부터는 신맛을 거의 내지 않는다. 야생의 균을 잘 조화하는 실로 평화로운 양조 방법이다.

술에 누룩을 사용하는 이유는 쌀을 당화하기 위해서인데 맥주는 맥아 효소로 보리를 당화하므로 누룩을 쓸 필요가 없다. 그런 차이는 있으나 어쨌든 유산균과 효모의 작용이 궁금해 가슴을 졸이며 유산균 맥주가 완성되기를 기다렸다.

그리고 드디어 한 입 마셔보니 새콤했다! 나는 감동했고 마리와 직원들도 맛있다고 떠들썩했다. 우리는 유산균 맥주가 더운 여름에 특히 잘 어울리는 맛이며 과음해도 몸에 부담이 적다고 판단했다.

그런데 손님들 평가는 또 달랐을 뿐 아니라 전에 없이 평가가 갈렸다. 대기업이 만드는 필스너 맥주를 좋아하는 나이 든 남성들은 불만이 컸고, 맥주를 잘 못 마신다는 여성들은 의외로 맛있다고 했다. 여하튼 이 유산균 맥주가 시장의 가치관을 넓힐 수 있다면 부정적 반응이 있다 해도 큰 장애가 되지는 않을 것 같았다.

그리하여 2019년, 다루마리의 맥주 생산량 약 7,300리터 중 유산균 맥주는 2천 리터 정도를 차지했다. 유산균을 넣어 새콤한 맛이 나는 이 희한한 맥주가 적은 양이나마 조금씩 맥주 시장을 잠식하리라 생각하면 웃음이 끊이지 않는다.

맥주를 많이 팔고 싶지 않은 이유

빵에서 손을 떼고 맥주 제조에 본격적으로 뛰어든 첫해, 겁은 났지만 나름대로 열심히 만들었다. 그런데 아쉽게도 완성된 맥주는 대부분 맛이 없었다. 그러다 보니 작업하는 내내 우울한 나머지 그대로 가다가는 병이라도 날 지경이었다.

어떨 때는 만드는 족족 실망스러워 작업이고 뭐고 다 던져버리고 기약 없이 쉬기도 했다. 어찌나 맛이 없던지 버릴까도 했지만 아까워서 그러지도 못했다.

그러는 사이 반년이 훌쩍 지났다. 어느 날 갑자기 맛이 궁금해서 마셔봤더니 세상에, 예전의 그 맛이 아니었다. 누가 이 맥주를 맛없다고 했단 말인가! 순간 바로 느꼈다.

'맥주는 숙성이 생명이구나!'

맥주는 숙성할수록 맛이 좋았다. 카레도 2~3일 두었다 먹으면 훨씬 맛이 좋듯이 숙성 과정을 거친 맥주는 균형 잡힌 맛을 냈다. 다만 오래 두면 홉의 향이 날아갈 우려가 있었다.

나는 맥주를 숙성시키기로 마음먹었지만 그러려면 숙성시킬 공간과 냉장고 전기료가 엄청나게 들 게 뻔했다. 판매 담당인 마리는 가차 없이 아픈 데를 찔렀다.

"오래 숙성시킨다는 말은 그동안 팔지 않겠다는 뜻인데, 그럼 돈이 안 들어오잖아."

맞는 말이지만 그래도 일단 저지르고 싶었다. 내가 할 수 있는 것은 행동이니까 말이다! 서둘러 숙성용 나무통을 들였다. 30리터짜리 나무통 100개, 10리터짜리 나무통 100개 총 4천 리터를 보관할 수 있는 수량이었다.

나무통을 보니 그 통을 보관할 냉장 공간이 부족하다는 사실이 떠올라 이번에는 대형 조립식 냉장고도 주문했다. 그런 다음 원료가 달라지면 숙성에 어떤 차이가 나타나는지 실험해보려고 관행 재배품 맥아로 만든 맥주와 유기농 맥아로 만든 맥주를 2년이 채 안 되는 동안 숙성시켜 보았다. 그랬더니 관행 재배한 쪽은 변질되어 맛이 형편없었는데 유기농 쪽은 와인 같은 풍미를 냈다. 숙성 과정이 그리도 깊은 맛을 끌어내다니 정말 흥미로웠다!

그때부터는 만드는 족족 숙성시켰다. 지금은 다루마리의 대표 맥주 5종 중 세 종류가 반년 이상 숙성시킨 것이다. 솔직히 말하면 더 오랜 기간, 적어도 1년은 숙성시키고 싶은 게 내 마음이다. 그렇게 숙성에 빠지다 보니 많이 팔고 싶은 마음이 사라졌다. 그래서 지금은 신규 거래를 거절하며 출하량을 조절하고 있다.

재료인 맥아도 지금 쓰는 독일산 유기농 맥아가 최고 재료라고는 생각하지 않는다. 반드시 무비료·무농약 방식으로 재배한 맥아가 더 오래 숙성을 견디고 더 나은 맛을 낼 것이다. 결국 맥아 공장도 마련해야 한다는 결론에 다다랐다.

그렇게 앞으로 나아갈 방향이 정해졌다. 먼저 주변 농가에서 무비료·무농약으로 재배한 대맥을 발아·건조시켜 맥아를 만드는 설비를 구축할 것이다. 그렇게 내가 최고라고 인정한 재료로 맥주를 만든 다음에는 오래 숙성시킬 것이다. 나는 그런 맥주를 만들 것이다.

3부 맥주 장인으로 거듭나다

한번 만들면
오래가는 것들

나는 왜 이렇게 숙성에 끌릴까?

맛과 풍미, 즉 품질이 좋아지기 때문이기도 하지만 아마도 숙성에서 더 큰 사회적 의의를 발견하기 때문일 것이다. 나는 획일적인 사회 분위기를 지독하게 싫어한다. 그래서 이 사회의 갑갑함을 깨버리겠다는 생각으로 상품을 생산해왔다. 흔히 맥주는 '신선도가 생명!'이라고들 하지만 그 역시 가치관의 획일화라는 것을 직접 생산해보면서 깨달았다.

자본주의 사회는 시간 단축에 모든 힘을 쏟는다. 그 결과 사람들은 기계의 속도에 맞춰야 하는 노동을 고통으로 여기게 되었고, 생산품의 수명도 짧아졌다. 가격이 싸진다 한들 금세 망가지기에 다시 사야하고, 결국 쓰레기만 잔뜩 쌓인다.

그에 반해 나는 전통적인 제빵 방식으로 좋은 상품을 만들려고 노력했다. 그러기 위해서는 수차례 개량해야 했고, 완성하기까지 10년이 넘는 시간이 걸렸다. 오랜 시간을 들여 만들고 오래 쓸 수 있는 물건이야말로 가치 있는 물건이라는 인식이 널리 퍼지면 그런 생산 방식과 기술이 유지될 것이다. 그리고 오래가는 물건을 만들려면 그 재료의 질도 좋아야 하기 때문에 다양한 생산 현장에서 긍정적인 연쇄 반응이 일어날 것이다.

그렇게 '오래가는 상품'을 많은 소비자가 찾고 많이 살수록 지역 경제와 환경은 좋아질 것이다. 그리되면 자본주의 사회 안에서도 가치를 축적할 수 있을 것이다.

참고자료

- 세금이 결정하는 '술의 맛', 일본에서 맥주 소멸?
  http://www.jiji.com/sp/v4?id=shuzei14080001
- 기린 맥주
  칼럼: 맥주에 '맥주세'가 붙다
  http://www.kirin.co.jp/entertainment/museum/history/column/bd045_1901.html
  칼럼: 주세법 개정으로 일본 전국에서 '지역 맥주'가 탄생하다
  http://www.kirin.co.jp/entertainment/museum/history/column/bd099_1994.html
- 술문화연구소, 일본 주세 제도의 궤적을 따라가다
  http://www.sakebunka.co.jp/archive/letter/pdf/letter_vol24.pdf
- 무라카미 아쓰시村上敦司, 〈홉 연구〉, 《일본양조협회지》 2010년 제105권 제12호, 783~789쪽.
  https://www.jstage.jst.go.jp/article/jbrewsocjapan/105/12/105_783/_pdf/-char/ja?fbclid
  =IwAR0GtZGOE5e67qxv6RrygPQVzqR08z6Olqz-uczXp4W_Fz2ffwa_6zKl7lo
- 신맛 나는 맥주가 맛있다! 유산균 에일 철저 해설
  https://voyager-beer.com/2017/08/%E9%85%B8%E3%81%A3%E3%81%B1%E3%81%84
  %E3%83%93%E3%83%BC%E3%83%AB%E3%81%8C%E3%81%86%E3%81%BE%E3%81
  %84%EF%BC%81%E3%82%B5%E3%83%AF%E3%83%BC%E3%82%A8%E3%83%BC%E3
  %83%AB%E5%BE%B9%E5%BA%95%E8%A7%A3%E8%AA%AC/

균이 생명을 이끈다

※ 여기에 쓴 내용은 책 뒤에 있는 참고문헌 등을 나 나름대로 해석해 정리한 것이다. 특히 요즘은 균처럼 눈에 보이지 않는 것들을 기피하기 쉬운 시대이기에 더욱 일독을 권한다.

식물계의 의식

균과 접촉하면 큰일이라도 나는 줄 아는 사람이 많지만 나는 야생의 균을 대하면서 '죽음'을 떠올리지는 않는다. 오히려 생명을 지속하려는 의지를 느낀다. 엔트로피 증가의 법칙에 따라 모든 사물은 붕괴를 향해 달려가기 마련이다. 그런데도 균의 움직임을 보면 환경을 마구 망가뜨리지 않는 한 생명이라는 질서는 영원히 이어질 것만 같다.

맥주 제조 중 1차 발효가 한창일 때, 부글부글 활발하게 이산화탄소를 발생시키며 발효하던 효모들이 별안간 작용을 멈추는 순간이 있다. 발효가 끝났나 싶어 잠자코 지켜보면 일주일 뒤 갑자기 발효를 다시 시작하기도 한다. 맥주 탱크 안에서는 온갖 효모가 각자 자신이 좋아하는 당도와 온도에서 나름대로 활약을 펼치기에 이런 일이 일어나는 것 같다.

이렇게 균과 놀다 보면 제멋대로 움직이는 녀석들 때문에 일희일비하는 나 자신이 마치 균의 노예라도 되어 인생을 보내는 게 아닌지 의심이 들기도 한다. 심지어 사람이 사람을 위해서 한 행동도 알고 보면 균이 주도권을 잡고 그들이 만들고 싶은 세상을 만드느라 사람을 이용해온 것은 아닌가 하는 생각마저 든다.

그러다 문득 중학교 때 읽은 만화《다크그린ダークグリーン》(사사키 준코 지음)을 떠올렸다. 당시 나에게 그 만화는 충격적이었다. 줄거리는 대략 이렇다.

어느 날, 전 세계 사람이 동시에 현실처럼 생생한 꿈을 꾼다. 'R 드림'이라 불리는 그 꿈속에서 사람들은 '젤'이라는 미지의 침략자들과 전투를 벌인다. R 드림에서 깨어나지 못한 사람은 현실에서 식물인간 상태이며, R 드림에서 죽으면 현실에서도 죽게 된다.

왜 그럴까? 주인공은 꿈속에서 그 이유를 찾기 위한 여정을 펼치는데, 점차 그 현상이 인간이 만든 환경 문제 때문이며 그 폐해가 모두 인간에게 되돌아온다는 사실을 알게 된다.

그런데 이런 상황을 조종하는 자는 누구였을까? 알고 보니 R 드림과 지구를 지배하는 것은 식물계의 의식 작용이었다. 식물계의 의식은 생물의 진화에도 간여하고 있었다. 다시 말해 이 모든 사태는 식물계가 인간에게 '자연의 법칙에 따라 살지 않으면 자연의 역습이 있을 것'이라고 경종을 울린 것이었다.

만화에 나오듯 '식물계가 전지전능하다'는 전제는 사실이 아니다. 게다가 이 만화가 출간된 1980년대는 DNA 해독도 불가능했고, 장내 세균 연구도 제대로 되지 않았던 시절이다.

미생물의 지배를 받는 동식물

46억 년이라는 긴 지구 역사를 살펴보면 지구 전체를 지배하는 존재는 식물이 아니라 미생물이라 해야 옳을 것 같다. 우리가 살아가는 데 필요한 공기, 흙, 에너지는 미생물이 만들어냈다. 길고 긴 지구 역사에서 극적인 환경 변화도 있었지만, 살아남은 미생물은 변이를 거쳐 생물로 형태를 바꾸었다. 지금의 동식물은 모두 미생물이 환경 변화에 대응하면서 변이를 일으키고 진화한 결과다. 극단적으로 말하면, 동식물은 미생물의 지배 아래 있다고 할 수 있다. 지구상에 최초로 나타난 생명체는 미생물이다. 그 후 동식물이 나타나기까지 무려 30억 년이 넘는 오랜 시간이 걸렸다.

생명은 38억 년 전 바닷속 무기물에서 탄생했다는 게 정설이다. 그 생명체는 '고세균'이라 불리는 혐기성 생물이었다. 32억 년 전에는 광합성을 하는 세균인 '남세균'이 탄생했다. 이들이 태양 에너지를 이용해 광합성을 한 결과 산소가 발생했다. 그리하여 대기 중 산소 농도가 높아지자 산소를 이용하는 호기성 세균이 번식했다.

20억 년 전에는 고세균과 유영 세균이 결합해 '진핵생물'을 탄생시켰다. 진핵생물은 신체를 구성하는 세포 안의 세포핵이라 불리는 세포 소기관에 존재하는 생물이다. 호기성 세균은 진핵생물의 세포 내부에 공생하다가 미토콘드리아가 되었고, 남세균은 공생하다가 엽록체가 되었다. 바로 '진핵세포의 세포 공생설'이다. 미토콘드리아가 공생하는 세포는 나중에 균류나 동물로 진화했고, 엽록체를 가진 세포는 식물로 진화했다.

이렇게 바닷속에서 진화한 미생물은 시간이 지나면서 육지로 진출할 준비를 했다. 그러다가 5억 년 전 드디어 이끼류와 지의류라는 광합성 생물이 바다에서 뭍으로 올라왔다. 그런데 뭍에 오른 직후 바싹 마른 바위밖에 없는 곳에서 광합성 생물은 어떻게 영양분을 섭취했을까? 학자들은 그때 이미 균과 파트너십이 형성되어 있었을 가능성이 크다고 본다. 이끼류, 지의류와 함께 뭍에 오른 곰팡이가 바위에서 영양분을 흡수해 전달했다는 것이다.

최초로 뭍에 오른 광합성 생물이 조금씩 흙을 만든 결과, 그로부터 1억 년이 지났을 무렵에는 양치식물이 등장한다. 양치식물은 성장하고 시들고 분해되기를 반복했다. 그 후에도 다양한 동식물이 진화한 형태로 태어났다. 이 과정이 수억 년 되풀이되는 사이, 드디어 흙이 만들어졌다.

이렇게 수십억 년의 지구 역사를 되짚어보면 모든 생명체는 미생

3부 맥주 장인으로 거듭나다

물이 있었기에 시스템을 구축했음을 알 수 있다.

나의 균 활동은?

물론 지금도 세균류는 우리 몸 안에 아주 많이 존재한다. 인간의 몸이 대략 37조 개 세포로 이루어져 있는데 장내에는 무려 약 100조 개, 피부 표면에는 약 1천조 개의 세균이 살고 있다. 그야말로 우리는 세균과 공생 관계에 있다고 할 수 있다. 피부 표면에 늘 존재하는 세균은 피부에 장막을 형성해 신체를 보호하고, 장내 세균은 우리 세포의 합성, 면역, 혈액 정화, 해독 등과 밀접한 관련이 있다고 알려졌다.

특히 최근에는 행복 호르몬이라고도 불리는 장내 물질 세로토닌의 전구체 중 90%가 장내 세균으로 만들어진다는 연구 보고도 나왔다. 장은 '제2의 뇌'라 불릴 만큼 중요한 기관이다. 바로 그 장에 존재하는 세균이 얼마나 큰 역할을 하는지 널리 알려져 반갑기까지 하다.

그러나 이러한 사실을 아는 사람은 얼마 전까지만 해도 거의 없었다. 그래서 산업혁명과 과학혁명은 '살균'이라는 개념을 부르짖었다. 맥주의 역사만 보더라도 사람들은 오랫동안 맥주 제조가 실패하는 원인으로 부패균이라는 단순한 요인만 꼽았다. 그리고 대량 생산을 하기 위해 부패균을 포함한 모든 균을 죽인 뒤 순수 배양한 강력한 발효균을 첨가해 발효를 일으키는 기술을 썼다.

이렇게 단순명쾌하게 인과관계를 해명하는 태도는 농업에도 적용되었다. 식물이 흙에서 흡수하는 영양분은 '질소, 인산, 칼륨'뿐이라고

규정하고, 이 세 물질을 화학적으로 합성한 화학비료를 밭에 뿌리며 만족했다.

기주 식물과 함께 균뿌리를 형성하여 공생 작용을 하는 뿌리곰팡이는 흙 속에서 식물의 뿌리에 찰싹 달라붙어 미네랄을 식물에 전달한다. 그런데 흙에 화학비료를 뿌린 결과, 식물이 흙에서 영양분을 너무 쉽게 빨아들이게 되면 식물은 뿌리곰팡이와 붙어 있을 이유가 없어진다.

그렇게 해서 식물 뿌리와 뿌리곰팡이의 결합이 사라져 토양의 구조를 유지하는 데 중요한 역할을 하던 뿌리곰팡이가 줄어들면 땅이 쉽게 척박해진다고 한다. 그뿐 아니다. 식물에 포함된 미네랄이 줄어들면 그것을 먹는 인간도 미네랄 부족으로 컨디션 난조를 겪게 된다. 그야말로 악순환이다. 이렇게 흙 속의 균과 식물, 인간은 모두 연결되어 있다.

발효에서 야생의 균이 활동하는 것을 알게 된 나는 그들이 거대한 두뇌처럼 지구 전체를 통솔하면서 생명을 유지한다고 생각하게 되었다. 참 똑똑하고 사랑스럽지 않은가 말이다. 그래서 나는 오늘도 하루를 마무리하면서 '균 활동'이라는 이름으로 야생 효모 맥주를 마신다.

4부

가면에 가려진
진짜 나를 찾다

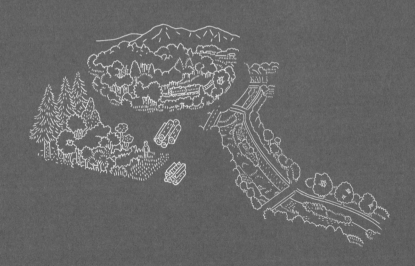

1장

내가 만든 가면에
갇히다

꿈 에 그 리 던
르 뱅 에 입 사 했 지 만

도쿄도 마치다시에 살던 2004년 가을, 마리가 딸 모코를 임신한 지 5개월째 되던 때에 나는 드디어 천연 효모 빵으로 유명한 노포 '르뱅'에 입사했다. 2년간 빵집 세 군데를 전전하며 제빵을 배운 끝에 희망을 이룬 것이었다. 수습사원 생활은 르뱅이 마지막이라는 각오로 매일 기술 습득에 힘을 쏟았다.

제빵 초년생 시절, 나는 이스트와 천연 효모도 구분하지 못했다. 하지만 마리는 처음부터 명확하게 빵을 만들 거라면 국산 밀과 천연 효모를 이용하자는 생각을 했다고 한다. 그래서 내가 르뱅 같은 곳에서 배우기를 간절히 바랐다고 했다. 그런 마리의 바람이 있었으니 조금이나마 빵에 관한 지식을 갖추었을 때 르뱅에 이력서를 낸 건 자연스러운 흐름이었다.

그런데 몇 달이 지나도 아무런 연락이 오지 않았다. '인기 있는 빵집이라 지원자가 많은가? 아니, 그보다는 30대라고 떨어뜨렸나 보다' 하고 반쯤 포기한 어느 날, 그 유명한 르뱅의 사장 고다 미키오甲田幹夫 씨에게서 전화가 왔다.

"신슈 우에다 지점이라면 채용할 수 있겠는데 말이야."

당시 르뱅은 점포를 세 개 운영하고 있었다. 도쿄의 조후점과 시부야구 도미가야점 그리고 나가노현 신슈 우에다점이었다. 기회였다. 르뱅에서 배울 수 있는 기회!

"가야죠! 우에다가 아니라 어디라도 가겠습니다!"

그렇게 바로 승낙할 생각이었다. 그런데 뜻밖에 마리가 반대하고 나섰다. 낯선 나가노현으로 이사 가기는 너무 불안하다는 것이었다. 답답했다. 하기야 빵집 월급이 뻔하니 우리는 그동안 맞벌이로 생활했고, 언젠가 독립해서 개업하려면 자금도 모아야 했다. 마리가 마치다시에서 직장 생활을 하는 덕에 빠듯하게나마 가계를 꾸리는 처지였다. 그런데 아는 사람 하나 없는 나가노현으로 이사해 새 집, 새 직장을 찾아야 한다니 불안했을 것이다. 이해할 수 있었다. 그렇지만 르뱅에서 일할 다시없는 기회였다.

둘이서 며칠 갈등했다. 그런데 얼마 후 고다 씨에게서 다시 연락이 왔다.

"사정이 바뀌었네. 자네 혹시 조후점에서 일할 수 있겠나?"

야호! 멀리 가지 않고도 르뱅에서 일할 수 있다니 세상에 그만한 행운은 또 없을 거라고 생각했다.

그렇게 운 좋게 조후점으로 출근하게 되었지만 집에서 가게까지는 거리가 상당했다. 빵집은 워낙 이른 시간부터 일을 시작하니 전철로 출근하기도 어려워 출퇴근에 오토바이를 이용했다. 젊을 때야 오토바이가 좋아서 탔지만 30대가 되어서도 바퀴 둘 달린 탈것을 이용하다니 생각도 못한 일이었다. 그러나 가난한 수습사원 처지에 달리 방도가 없었다. 중고 오토바이 가게에서 싼값에 'GB250 클럽 맨'을 샀다. 집이 있는 마치다시에서 르뱅 조후점까지 40~50분 걸리는 거리를 낡은 털털이 오토바이를 타고 오갔다.

11월에 첫 출근을 했고 금세 겨울이 왔다. 매일 새벽 4시에 일어나 컴컴한 길을 달렸다. 새 직장, 새 인간관계, 중노동과 한겨울 오토바이 운행으로 점점 피로가 쌓였다.

예기치 않은 사고

곧 봄이 올 것 같던 3월 어느 날 아침에도 오토바이로 출근하고 있었다. 신호 대기 중 앞에 정차한 트럭을 우측 차선에서 들어가 앞지르려고 했다. 그런데 가까이 가보니 뒤에서 보던 것보다 트럭이 훨씬 크고 길었다. 트럭 앞으로 빠져나가기도 전에 신호가 바뀌었다. 트럭은 움직이기 시작했고 나는 약간 주춤했다. 앞지르기는 무리일 것 같아

다시 트럭 뒤를 쫓아가려고 브레이크를 밟았다.

그때 도로 위에 흩어져 있는 자갈이 눈에 들어오는가 싶더니 오토바이가 기우뚱했다. 나는 오토바이를 탄 채 미끄러져 길바닥을 굴렀다. 눈 깜짝할 새였다.

그전에도 몇 번 교통사고가 난 적이 있다. 사고가 나면 희한하게도 찰나에 온갖 생각이 뇌리를 스친다. 스무 살 때는 튼튼하기로 소문난 도요타의 랜드 크루저를 타고 친구들과 나가노에 스키를 타러 가다 사고가 났다. 잘 달리다가 터널 진입 직후 빙판길에 타이어가 빠지면서 차가 뒤집혔다. 세상이 슬로모션으로 느껴지던 그 순간이 지금도 생생하다.

조금 전까지 옆면에 있던 창문이 발아래에 깔린 상태로 차체는 미끄러졌다. 불꽃이 무섭게 일어나는 것을 보고 잘못하다가 발이라도 끼면 큰일이다 싶어 온 힘을 다해 발을 들어 올렸다. 차는 터널 벽에 충돌하고 수십 미터나 미끄러진 뒤에 멈춰 섰다. 다행히 나는 무사했다.

사고는 전에도 있었지만 나는 늘 운 좋게 상처 하나 입지 않았고 사고 후에도 금세 일상으로 복귀했다. 그래서 오토바이가 굴렀을 때 침착할 수 있었다. 내 몸을 튕겨낸 뒤 저만치 앞으로 미끄러져 가는 오토바이를 보면서 저 정도면 오토바이는 멀쩡하겠다고 안심했으니까 말이다. 그러면서 '이번에도 운 좋게 아무 일 없을 거야. 트럭은 멈추겠지'라고 건방진 생각을 했다.

하지만 현실은 기대와 달랐다. 몸이 트럭의 길고 긴 휠베이스(앞뒤 바퀴의 축간거리) 사이를 향해 머리부터 미끄러져 들어갔다. 뒤에서 오토바이가 다가오는 것을 알아챘을 것 같고, 곧이어 굉음이 났는데도 그 소리를 못 들었는지 트럭 기사는 멈출 생각은커녕 오히려 속도를 냈다. 내 몸은 계속 미끄러졌다. 약간 멍한 느낌이 들었지만 당황하지 않고 '어, 안 멈추네'라고만 생각했다. 그 순간 오른팔을 뻗었다. 겨우 트럭의 사이드 가드레일에 닿았다. 있는 힘껏 사이드 가드레일을 밀었고 다행히 상반신이 트럭에서 빠져나왔다.

그다음부터는 정확히 기억나지 않는다. 트럭이 지나가고 나서 "역시! 난 운이 좋아. 이 정도로 끝나 다행이다"라고 혼잣말을 내뱉으며 몸을 일으켰다. 이윽고 다음 순간, 머릿속이 하얘졌고 나는 바닥으로 쓰러졌다. 몸의 왼쪽에서 극심한 통증이 느껴졌다. 왼쪽 어깨를 트럭에 치인 것 같았다. 그러나 무슨 일이 있었는지는 정확히 알 수 없었다. 오토바이와 함께 길 한복판에 나뒹굴었을 뿐이다.

문득 이러다 또 다른 차에 치이겠다는 생각이 들자 덜컥 겁이 났다. 달려오는 차를 멈추고 차도에서 벗어났다. 반대편 차선에서 오토바이를 타던 사람이 달려와 구급차를 불렀다. 다행히 코앞에 병원이 있었다.

응급 외래로 실려갔는데 당직 의사가 바빴는지 통증이 심한데도 진찰을 받기까지는 상당한 시간이 걸렸다. 날이 밝았고, 시계를 보니 마리가 일어났을 것 같았다. 이 사태를 어떻게 말해야 할지가 걱정이었다. 여하튼 전화를 걸었다.

"마리, 놀라지 말고 들어. 나는 괜찮아. 놀라지 마."

"왜? 뭔데? 무슨 일이야?"

"살짝 사고가 났어. 지금 병원인데."

"뭐라고?"

마리가 차를 몰아 헐레벌떡 달려왔다. 우리는 엑스레이 사진을 보며 의사의 설명을 들었다. 왼쪽 어깨의 복합 골절에 견갑골까지 부서져 수술을 해야 했다. 놀란 마리가 의사에게 물었다.

"이 사람, 빵 만들어요. 수술하면 다시 빵을 만들 수 있나요? 후유증이 있을까요?"

의사가 답했다.

"수술하기 전에는 아무 말씀도 드릴 수 없지만 후유증이 생길 가능성은 있습니다."

마리도 놀랐지만 배 속의 모코도 놀란 듯했다. 마리가 배를 부여잡더니 아이가 이리저리 마구 움직인다고 했다.

나는 수술을 받았고 몇 달간 재활을 거쳐 무사히 르뱅에 복귀했다. 하지만 왼쪽 어깨에는 오랫동안 통증과 함께 내 팔이 아닌 것 같은 부자연스러운 느낌이 남았고, 지금도 변형이 진행되고 있다. 그렇지만 열심히 빵을 만들었고 모코도 무탈하게 태어나 건강하게 자라고 있다. 다만 내 전우 GB250 클럽 맨과는 영원히 헤어졌다. 그 뒤로 나는 오토바이를 타지 않는다.

사고로 분명하게 느낀 점이 있다. 전에는 내게 사고가 일어날 리없다고 자만했지만, 현실은 다르다는 것이다. 그리고 머릿속에 이런 생각이 확고하게 박혔다.

'나는 평범한 사람이다. 나는 사고도 당하고 다치기도 한다. 운이

나쁘면 죽을 수도 있다.'

모든 것은 우연의 산물이며 살아 있다는 것도 당연한 일이 아님을 깨달았다.

지금까지 가면을 쓰고 살았구나

오토바이 사고는 내 인생의 커다란 전기라 할 만한 또 하나의 부산 물을 가져다주었다. 수술 전 혈액형을 확인하기 위해 채혈을 한다고 했다. O형이 틀림없는데 뭐 하러 피를 뽑나 했는데 간호사에게 결과 를 듣고 깜짝 놀랐다. 내 혈액형이 'A형'이라는 것이다.

"예? 저 O형이에요!"

어릴 때부터 줄곧 O형이라는 말을 들으며 살았는데 A형이라니 웬 말인가! 아버지도 동생도 O형이었다. 대충 넘어가고 리더십이 있고 긍정적이고……. 그런 O형이라 얼마나 좋았는지 모른다. 회사 다닐 때는 아침마다 텔레비전에서 혈액형 운세를 보고 O형에 좋은 일이 있다고 하면 개운한 기분으로 출근하곤 했다.

"A형일 리가 없어요! 다시 검사해주세요."

재검사한 결과도 틀림없는 A형이었다. 그리고 전신 마취 수술을 했다. 나중에 마리에게 듣기로는 마취가 덜 깬 몽롱한 상태에서도 "O 형이야. A형일 리가 없어"라고 중얼거렸다고 한다.

마취에서 깨고 나니 A형으로서 삶이 기다렸다. 나는 이런 사람이라고 굳게 믿어온 이미지가 깨지는 게 낯설었지만, 그간 억지로 O형의 특징에 나를 끼워 맞추며 살았음을 서서히 깨닫게 되었다.

나는 원래 작은 일에도 크게 신경 쓰는데 O형이라는 믿음 때문에 대범하게 보이려고 했다. 또 호탕하고 쾌활한 O형답게 보이려고 면밀하게 계산했다. 생각해보니 나는 A형의 특징이 매우 강했다. 이제껏 O형으로 살아온 30년 세월은 대체 뭐였을까? 나중에 이 이야기를 어머니와 여동생에게 했다.

"와, 정말. 어머니, 전 초등학교 때부터 여기저기 다 O형이라고 적어냈거든요!"

그런데 반응은 달랑 한마디뿐이었다.

"그래? 하긴 좀 그래 보였어."

이 사건으로 내가 O형이라는 '가면'을 쓰고 살았음을 알았다. 그리고 그 가면은 혈액형뿐 아니라 성장 과정, 부모님에 대한 콤플렉스, 어린 시절 자란 지역 등 온갖 환경의 영향을 받아 만들어졌다는 사실도 알았다.

교양인인 척
살아온 시간들

아버지 쪽 와타나베 가문에는 학자가 많다. 그 반면 어머니 쪽 미네타峯田 가문은 예술가가 많다. 야마가타현에서 사신 외할아버지는 중학교 미술교사였는데 집 안에 아틀리에로 쓰는 건물이 따로 있어서 그곳에서 그림을 그리셨다. 여름방학이나 겨울방학에 외가에 놀러 가면 파이프 담배를 뻐끔거리며 그림을 그리시는 외할아버지를 볼 수 있었다.

어머니 형제는 육 남매로 바로 아래 이모는 중학교에서 영어와 미술을 가르쳤다. 외삼촌 두 분은 모두 조각가로 대학교수이기도 했다. 다루마리의 카운터에 목조 마네키네코(앞발을 들어 사람을 부르는 시늉을 하는 고양이 모양 장식물 - 옮긴이)를 모셔둔 것을 본 고객도 있을 텐데 작은외삼촌이 개업 기념으로 만들어주신 것이다.

나는 어릴 때부터 해마다 외삼촌들이 조각품을 출품하는 일본미술 전람회(일본 최대의 종합 미술 전람회. 1회 전람회는 1907년에 열렸다 - 옮긴이)나 개인전을 보러 다녔다. 어머니도 가족 여행 일정에 미술관 순례를 끼워넣을 만큼 미술 애호가셨다.

그런 환경에서 자란 데 비하면 나는 미술에 소질이 없었다. 여동생, 남동생과 비교하면 그 점은 더 분명했다. 여름방학 숙제로 나온 그림을 잘 그리지 못해 어머니가 살짝 손봐주신 작품을 냈다가 학교에서 상을 받아온 일도 있었다.

솔직히 나는 미술관에 가서 그림을 봐도 뭐가 뭔지 잘 알지도 못했고, 미술작품 보는 일이 고통스럽기까지 했다. 때로 아버지는 이런 나를 이해하지 못해 꾸짖기도 하셨다. 그런 환경에서 자라면서 어느새 내가 감성이 무딘 사람이 아닌지 의심하게 되었다. 그러면서 한편으

로는 무딘 사람이 되고 싶지 않아서 예술을 사랑하는 척하며 순간순
간을 모면해왔다.

귀찮아하면서도 예술을 끊임없이 가까이했더니 우습게도 '가면'이
생겼다. 감각도 없고 예술을 추구할 생각도 없으면서 어느 틈엔가 정
치학자인 아버지 말씀을 섞어가며 '예술 좀 아는 유머 넘치는 인간'을
연기하게 되었다.

부모님은 한마디로 교양 넘치는 분들이셨다. 하지만 아버지께서
바라는 교양을 익히려면 노력이 필요했다. 그런데 나는 노력하고 싶
지 않았으니 아버지 말씀을 흉내 내면서 '교양인'의 가면은 쓰고 산
것이다.

사람은 속이 꽉 차지 않아도 그런 척할 수 있는 동물이다. 나는 줄
곧 가면을 쓰고 얼버무리며 살았다. 오토바이 사고로 O형 가면이 벗
겨진 것을 계기로 내가 쓰고 있는 몇 가지 가면을 자각하게 되었다.

가면을 벗을 때
성장한다

가면에 관해 생각하다 보니 1990년대에 읽은 《카멜레온 カメレオン》
(가세 아쓰시 지음)이라는 만화가 떠오른다. 키 작고 싸움도 못하는 주
인공이 건달 세계에서 운과 허세만으로 승승장구하는 내용이다. 이
만화는 유약한 주인공 야자와 에사쿠를 보고 주위 사람들이 엄청나

게 강한 사람으로 오인하는 부분이 재미있다.

그렇게 가면을 쓰고 자신이 되고 싶은 모습을 연기하면서 주위의 기대에 부응하려 애쓰는 사람들이 있다. 그런데 그렇게 하다 보면 자신도 모르는 사이에 자신을 '틀'에 가두게 된다. 그러면 주위 사람의 도움과 운, 자신의 상황 판단이 더해지면서 교묘하게 위기를 극복할 확률이 잠깐은 높아질 수도 있다.

하지만 흉내나 요령으로 위기를 극복하면 당장은 행복할지 몰라도 언젠가는 괴로워진다. 가짜 틀과 진짜 자기 사이의 괴리감을 직시하기는 참으로 어렵지만, 그 순간을 극복하면 가면은 벗겨진다. 틀을 부수고 벗어날 때 우리는 비로소 자기 개성을 인식하고 성장할 수 있다. 그 과정이야말로 진정한 '슈하리守破離(일본의 다도, 무도, 예술계에서 배움의 자세를 일컫는 말이다. 슈守는 스승의 가르침과 틀을 철저히 지키는 것, 하破는 스승과 다른 기법의 틀을 연구하는 것, 리離는 자신만의 독자 영역을 개척하는 것을 말한다 - 옮긴이)'라고 생각한다.

혼자 마음대로 만든 틀과 전통 다도, 무도, 예술에서 말하는 틀을 같이 논하기가 억지스럽지만 말이다. 하지만 나라는 사람이 제빵을 배우면서 변해온 과정은 그야말로 '슈하리'와 일맥상통한다.

나는 평생 탈선하며 살아왔다. 뭐든 하나에 집중하지 못하고 이리저리 방황했기에 서른한 살까지 내 틀을 깨부술 기회가 없었다. 그러다가 제빵을 배우면서 비로소 가면이 벗겨졌다. 생산의 길, 장인의 일에는 허세나 얼버무림이 통하지 않는다. 대충 날림으로 하면 그 결과도 날림으로 드러나는 법이다.

4부 가면에 가려진 진짜 나를 찾다

제빵을 배우면서 처음 몇 년은 지옥 같았다. 나처럼 제빵 경험이 전혀 없는 사람이 어느 날 갑자기 제대로 빵을 만들면 놀랍기도 했지만, 한편으로는 맹렬한 질투심이 일었다. 나에게는 가능성조차 보이지 않았으니 말이다. 신중하지도 않고 주의력도 부족한 내 모습에서 방황하며 허비한 지난 시간이 고스란히 드러나는 것 같았다.

진짜 공부는
현장에서 한다

무슨 일을 해도 안 풀렸던 이유를 이제는 안다. 나는 교양주의의 가면을 쓰고 현장에서 얻는 배움을 우습게 여겼다. 장인이 생산할 때는 이 순간 눈앞에서 일어나는 현상을 관찰하고 거기서 배움을 얻어 움직여야 한다. 그런데 당시 나는 '배우는' 방법을 틀에 끼워놓고 잘못 생각했다. '배움'이란 독서로 이전 사람이 도달한 교양을 이해하는 거라고 오인한 것이다. 자연을 관찰해 배움을 얻는 길을 몰랐던 나는 눈앞의 빵 반죽에도 주목할 줄 몰랐다.

실제로 《새로운 제빵기초지식》(다케야 고지 지음)이라는 교과서만 읽고 '여기 있는 내용은 모조리 외울 테다!'라고 필사적으로 매달린 적이 있다. 하지만 기초가 없는 나에게는 벼락 지식에 불과했다. 산더미 같은 진짜 정보는 현장에서 얻어야 한다. 이 점을 놓치면 좋은 결과가 따를 수 없다.

제빵 교과서를 제대로 읽어내려면 중고등학교의 화학·생물 교과서를 다시 공부해야 했다. 그런데 귀찮아서 하기가 싫었다. 그 대신 쉽게 문제를 해결하는 방법이 있으면 앞뒤 가리지 않고 당장 시도할 기세였다. 그런 나를 유혹이라도 하듯 서점에 가면 '간단하고 맛있는 레시피'가 넘쳤고, 도매상 주인들은 '이것만 넣으면 단번에 맛이 난다'는 재료를 줄줄이 소개했다.

다행히 나는 시골에서 빵집을 열고 싶다는 초심을 다시금 되새겼다. 쉽고 맛있게 만드는 길을 선택하면 대량 생산하는 획일적인 빵과 다를 것 하나 없는 빵밖에 만들지 못할 것 같았다. 시골에서 빵집을 열 생각이라면, 안 그래도 인구가 적고 척박한 환경일 텐데 기술이라도 제대로 익혀야 할 것 같았다.

왠지 그것만은 분명하게 알 수 있었다. 그래서 쉽고 맛있게 만드는 길로 빠지지 않고 국산 밀가루와 자가 배양 효모를 이용한 전통 방식에 승부를 거는 르뱅에서 훈련을 받기로 했다.

그러다가 혈액형 사건으로 내 가면을 의식하기 시작했지만, 정말 내 눈앞에서 일어나는 현상에서 배움을 얻게 된 것은 독립해서 다루마리를 열고 야생의 누룩균 채취에 도전하면서부터다.

알아보니 순수 배양 누룩균을 이용한 발효 양조에 관한 교과서는 있어도 야생 누룩균을 채취하는 방법이나 그것을 이용한 발효 양조에 관한 문헌은 전혀 없었다. 도리 없이 나는 직접 몸으로 부딪쳐 익혔고, 그 덕에 겨우 지금 여기서 일어나는 자연 현상에 주목하고 '나다운 표현'을 깨닫게 되었다.

물론 그전에 책에서 얻은 기초 지식이 쓸모없었다는 말은 아니다. 기초 지식이 있었기에 눈앞의 현상을 과학적으로 이해할 수 있었다. 맥주 효모로 빵을 만들면서 순간적인 직감을 얻어 '다루마리식 장시간 저온 발효법'을 완성할 수 있었던 것도 기초 지식이 바탕에 있었기 때문이다. 결국 나는 그 모든 과정을 거친 끝에 교양주의의 틀을 깨고 나만의 영역을 개척할 수 있었다.

2장

틀을 깨고
자기다움으로 승부하다

빵을 만들며
나다움을 발견하다

나는 여기서 내가 만든 빵이 좋은 의미든 나쁜 의미든 개성 있는 빵이라는 점을 밀하려 한다. 다루마리의 빵을 세상 사람들이 다 좋아하지는 않는다. 맛있다고 느끼는 사람이 오히려 적을 수도 있다.

하지만 이 개성 넘치는 빵은 존재만으로도 다양성을 보여준다. 각자의 개성을 허용하고 다양한 가치관이 공존하는 상태야말로 다 같이 살기 좋은 사회가 아닌가.

예를 들어 마리의 가치관이 세상 사람 대부분과 다르기에 나는 마리 남편으로 존재할 수 있다. 마리와 비슷한 생각을 하는 사람이 극소수라 할지라도 다양성이 인정되는 사회라면 내가 편안하게 사는 데 문제 될 것이 없다.

잘난 사람만 '올바르게' 대접받는다면 숨 막히는 세상이 되고 말 것이다. 만약 그런 세상이 있다면 잘난 사람에 대한 평가도 정량화되어 얼마나 잘났는지가 점수로 매겨지지 않을까? 그리되면 나 같은 사람은 남 앞에 나서지도 못할 것이다.

나는 제빵을 배우는 과정에서 다양한 개성을 지닌 사람과 재료를 만났고, 야생의 균이라는 엄청난 자연을 마주하는 과정에서 천천히 시간을 들여 노력했기에 비로소 '나다움'을 깨달았다.

작아도 좋으니 틀을 깨고 '자기답게' 표현할 때 사람은 만족할 수 있다. 자기답게 표현하는 사람이 늘어나면 사회는 다양성이 보장되는 열린 형태를 띨 것이다. 그런 사회에는 분명 틀을 깰 기회가 여기저기 널려 있어서 애초에 자신을 틀에 끼워 맞출 필요조차 없을 것이다.

나는 틀을 깨는 데 너무 오랜 시간이 걸렸다. 오십 줄을 바라보는 지금, 조금 더 일찍 틀을 깼으면 좋았을 거라는 후회가 없지는 않다. 그래도 이 정도면 괜찮은 것 같다. 평생을 틀에 갇힌 채 사는 사람도 적지 않고, 이 사회의 특성상 틀 안에서 사는 게 훨씬 편한 사람도 있을지 모른다.

오늘날 교육은 아이들을 주어진 틀에 끼워 맞추려 한다. 하지만 그것은 결국 대기업이 부리기 좋은 인간을 만드는 행위가 아닐까? 노동자가 굳이 하지 않아도 되는 생각을 하면 기업 운영에 지장이 생기고, 그리되면 이익이 줄어 주주에게 손실을 가져다줄 수도 있다.

실제로 대량 생산, 대량 소비를 정답으로 보는 획일적인 사회에서는 노동자 개개인이 다른 노동자와 보조를 맞춰야 모든 것이 수월하게 돌아간다. 그러니 틀에서 벗어나지 않아야 살기 편하다고 느끼기 쉽다. 게다가 노동자는 시간에 쫓기는 처지라 틀을 깨기 위해 천천히 자신을 마주할 시간이 없다.

그래서 현대 사회를 사는 우리는 틀을 깨기가 대단히 어렵다. 그런데도 내가 틀에서 벗어날 수 있었던 것은 제빵 기술을 습득하기 위해 '수련'이라는 길에 들어선 덕분이다.

이런 사람을
뽑습니다

원래 수련은 더 오래 살아남는 힘을 기르려는 것이다. 그러니 사는 데 필요한 먹거리를 생산하는 기술을 갈고닦는 과정은 '수련'이라 하기에 충분하다. 그런데 이는 단순히 '빵을 만들 수 있다'는 뜻이 아니다. '더 오래 살아남는 힘'이라고 할 때는 제빵과 관련한 무수한 기술을 말한다.

나는 독립하기 전 도쿄와 요코하마의 빵집 네 곳에서 약 4년 반 동안 수련 과정을 거쳤다. 처음에는 제대로 따라가지 못하는 자신을 인정하지 못하고 잘 가르치지도 못하면서 일하는 시간만 길다고 불평했다. 그 시절을 돌이켜보면 그때 내가 얼마나 유치했는지 부끄러울 따름이다.

그 후 개업하고 시간이 한참 흘러서야 겨우 '수련'의 의미를 다소

나마 이해하며 '더 오래 살아남는 힘'을 얻게 되었다. 그리고 그제야 과거 나를 수련시켜준 빵집에 고마움을 느꼈다.

다루마리에서는 수시로 새 직원을 모집한다. 도시 빵집이 우리 매출을 들으면 "에게! 그거밖에 안 돼?" 하고 놀라는데, 다루마리에는 직원들이 북적거린다. 이 이야기를 들은 사람들은 "매출이 그것밖에 안 되는데 왜 그리 사람이 많아?" 하고 다시 한번 놀란다.

우리는 신상품을 내놓기보다는 지금 만드는 스무 종 남짓한 빵 하나하나를 더 제대로 만들려고 한다. 그러려면 먼저 더 좋은 재료를 써야 한다.

그렇게 더 좋은 재료를 찾다 보면 가공품을 사서 쓰지 않고 일일이 직접 가공하는 것이 최고라는 결론에 이르게 된다. 믿을 수 있는 농가에서 더 좋은 재배법으로 키운 농산물을 사서 우리 손으로 직접 가공하려면 일손이 많이 필요하다. 그래서 사람을 더 많이 고용하려고 하는데, 그렇다고 해서 아무나 환영하는 것은 아니다.

의외로 다루마리의 채용 문은 좁다. 우리가 하는 일이 좀 특이하기 때문이다. 몇 달 만에 그만두는 사람도 적지 않다.《시골빵집》이나 잡지에 실린 기사를 읽고 품었던 이상과 현실 사이의 간극 때문일까.

실제 현장에는 학교에서처럼 하나부터 열까지 친절하게 가르쳐주는 사람이 없다. 특히 우리 일은 산속에서 말없이 제 할 일만 하는 사람들과 함께 매일 담담하게 야생의 균을 만나는 것이 전부다. 아주 수수한 일인 것이다. 그래서 채용 여부는 며칠간 연수를 거친 뒤 본인과 진지하게 의논해서 판단한다.

잘 관찰하는 사람이
이긴다

지금 제빵팀장을 맡고 있는 사카이 신타로는 2016년 야마구치현 시모노세키시의 한 강연회장에서 처음 만났다. 나와 마리가 강연을 마치자마자 다가와서는 "꼭 다루마리에서 일하고 싶습니다!"라고 말했던 기억이 난다.

듣자 하니 암벽 등반 강사로 일하던 중 《시골빵집》을 읽고 다루마리에서 수련하겠다고 결심했다는데, 놀랍게도 우리를 만나기 전에 벌써 하던 일을 그만두었다고 했다. '처자식이 있다면서 저리 과감한 짓을 하는구나!' 싶어서 강한 인상을 받았다.

일단 이력서를 보내달라고 했더니 당장 가게로 보내왔다. 연락해서 면접 날짜를 정했다. 그런데 면접 전에 마리가 "혹시 SNS 같은 거 하지 않으려나?" 해서 인터넷을 뒤져보았다. 그랬더니 흥미롭게도 '새우잡이 세계선수권 대회 우승자, 사카이 신타로 씨'라는 기사가 나왔다. 기사에는 수영복 차림 사진이 실려 있었다. 수염 난 얼굴이 틀림없는 그였다.

세계 1위라니 대단하지 않은가! 이력서에는 이런 내용을 왜 적지 않았는지 궁금했다. 게다가 '새우잡이 세계선수권 대회'라니 희한한 대회도 다 있구나 싶었다. 면접 날 그에게 물었더니 대수롭지 않은 일처럼 말했다.

"이름은 세계선수권 대회지만 주도해수욕장이라는 시골구석에서 열리는 작은 대회입니다. 그런 게 무슨 경력이 될까 해서……."

"아니, 아니! 그 얘기가 듣고 싶은데."

나와 마리는 흥미진진한 표정으로 온몸을 앞으로 기울였다. 새우잡이 세계선수권 대회는 보리새우의 상업 양식에 세계 최초로 성공한 야마구치시 아이오에서 해마다 열린다고 했다. 그물을 둘러친 갯벌에 보리새우를 1만 5천 마리 풀어놓고 맨손으로 잡는데, 참가자 수는 약 1,600명이나 된다고 한다. 신타로는 자기 경험을 이야기해주었다.

"사실 3년 연속 참가해서 마지막 해에 우승한 거였어요. 첫해에는 되는 대로 덤볐더니 너덧 마리밖에 못 잡았어요. 그때는 맨손으로 새우를 잡으면 따가울 것 같아서 목장갑을 끼었는데 그게 더 방해된다는 걸 알았지요. 그래서 다음 해에는 맨손으로 도전했어요.

두 번째 해에는 잡는 것보다 관찰하는 데 집중했어요. 전해 우승자가 또 참가했기 때문에 그 사람이 어떻게 하는지 자세히 본 거죠. 그 사람이 바다 쪽 그물로 달려가기에 저도 따라가서 잡았는데 몇 마리 못 잡았어요.

3년째에는 경기 시작 직전까지 바닷물의 흐름을 지켜봤어요. 그랬더니 물살이 센 곳에 새우가 몰려 있을 것 같은 직감이 드는 거예요. 그래서 파도가 세게 이는 쪽의 그물망이 승산이 있을 거라 예상하고 그쪽을 노렸죠.

경기가 시작되자마자 미친 듯이 그쪽으로 달려갔더니 정말 새우가 몰려 있더라고요. 우연일 수도 있고, 물살이 센 곳은 잡기 어려울 거라는 생각에 아무도 오지 않아서 새우가 많았는지는 모르지만요. 어쨌든 주위에 아무도 없으니까 혼자 그 새우를 다 쓸어 담을 수 있었죠. 150마리 정도 잡아서 우승했는데 다른 참가자와 차이가 되게 많이 났어요."

이야기가 끝나자마자 나와 마리는 외쳤다.

"합격!"

더 오래 살아남는 힘을 가르치다

야생의 균을 채취하고부터는 변화를 민감하게 알아채는 관찰력이야말로 우리 일에 꼭 필요한 자질이라는 생각이 들었다. 관찰력이 생기면 모든 일이 즐거워진다. 청소만 봐도 그렇다. 어떤 한 곳이 늘 다른 데보다 더럽다면 그곳을 깨끗이 유지하기 위해 동선을 바꾸거나 도구를 늘리는 등 궁리를 하게 된다. 이렇게 하면 일을 매끄럽게 처리할 수 있다. 또 관찰력이 생기면 자신이 해야 할 일이 차례차례 눈에 들어오므로 매일 하는 일이라도 질리지 않는다. '좋은 터'를 일구려면 그런 행동을 하나하나 쌓아야 한다.

'좋은 터'에서는 값진 실패를 경험할 수 있다. 장인은 실패해봐야 재미를 알 수 있다. 실패는 낭비가 아니라 다음 단계로 가는 귀한 경험이다. 이 사실을 알아야 시간을 내 편으로 만들 수 있다.

남들이 낭비라고 여기는 일에도 몰두하는 사카이 신타로는 장인이 갖춰야 할 자질을 다 갖춘 사람이었다. 제빵 기술을 모두 가르쳐주고 싶다는 생각이 드는 이는 그가 처음이었다. 그는 나날이 성장했고, 이제 나를 가볍게 뛰어넘어 다루마리의 빵을 한층 깊이 있게 진화시키고 있다.

나는 다루마리를 수련의 장으로 여긴다. 이곳은 '더 오래 살아남는 힘'을 얻는 장소다. 빵을 레시피대로 만들어내는 기술은 극히 일부밖에 쓰지 않는다. 오히려 빵을 만들기 위한 '터'와 '동선'을 어떻게 다듬어 균과 공생할지, 어떻게 하면 타인과 동화되는 기술을 얻을지를 더 중요하게 여긴다. 그러려면 신체 움직임과 팀워크, 도구와 기계를 다루는 기술, 목공 기술까지 익혀야 한다.

야생의 균으로 발효 작업을 할 때는 사람뿐 아니라 균이 기분 좋게 놀 수 있는 환경을 만들어야 한다. 예를 들면 빵 원료를 생산하는 장소나 빵 공방 주위의 환경이 어떠한지도 따져야 하고, 화학물질을 쓰지 않는 등의 행위도 따라야 한다. 숲, 강, 논밭이 모인 이 자연환경을 오염시키지 않고 보전해야 한다. 발효 작업을 하는 사람은 일상에서 화학물질, 즉 살균제, 방충제, 합성세제, 화장품, 첨가물, 화학약품 등을 쓰지 않아야 한다.

자연이야말로 우리가 살아가는 데 필요한 에너지를 주는 존재이기에 이런 자세가 꼭 필요하다. 이렇게 실천하다 보면 장래에 대한 확신도 생기는 것 같다.

수련 과정에 있는 이들이 훗날 독립해서 이 자본주의 사회에서 살아남으려면 경영과 판매에 관한 지식과 기술도 익혀야 한다. 세상의 움직임을 파악하고, 그 속에서 자기 제품의 가치를 제대로 평가해 고객이 이해할 수 있게 설명한 뒤 정당한 가격으로 판매함으로써 경영을 지속해야 한다.

합 리 적 사 고
버 리 기

나는 다루마리에서 수련하는 직원에게 모든 것을 그 자리에서 이해하고 실행하라고는 하지 않는다. 이해할 내용은 움직이는 과정에서 몸으로 느끼면서 개략적으로 알면 된다. 하지만 그러려면 합리적 사고를 버려야 한다. 단시간에 이익을 얻고자 해서는 안 된다. 긴 안목으로 크게 보지 않으면 금방 좌절할 수 있다.

다루마리의 작업은 지극히 비효율적이다. 판단 기준은 모호하고 실패는 일상다반사다. '1~2년 일해서 레시피를 배우면 바로 독립할 수 있겠지' 하고 단기적·합리적 기술 획득을 노리고 들어온 사람에게 우리 현장은 그저 고통스러울 뿐이다. 결국 싫증 나서 건성으로 일하거나 도망가고 만다.

누구 하나 칭찬해주지 않는 환경에서 담담히 자기 일을 즐겁게 해내야 한다. 그러려면 작은 변화에도 주목하고 그것을 스스로 즐겨야 한다. 반죽을 치대고 오븐에 넣어 굽는 것만 수련이 아니다. 청소, 설거지, 목공 등 온갖 일에 의미가 있다. 그 일을 쌓고 반복함으로써 신

4부 가면에 가려진 진짜 나를 찾다

체 감각이 단련되고 자연이 매일 어떻게 움직이는지 느끼게 된다.

작은 것을 보고 전체를 이해하려면 머리로 생각만 할 게 아니라 몸으로 느껴야 한다. 그래서 두뇌 훈련에만 치중한 고학력자는 몸이 움직이지 않아 현장 일을 할 때 고생하기 일쑤다. 현대인이 수련에 들려면 머리보다 몸으로 느끼는 비중을 늘리는 것부터 해야 한다.

몸으로 느끼려면 시간을 잊을 만큼 무언가에 몰두해야 한다. 어릴 때는 시간 가는 줄 모르고 어딘가에 잘 빠져들다가도 어른이 되어 사회에 나가면 그런 경험을 하기가 어렵다. 그런데 장인의 기술은 몰두할 때 발휘되는 법이다. 몰두 끝에 '즐거움'이 따른다. 즐겁다는 말은 숙련되었다는 뜻이다. 그래서 장인은 그 일과 관련한 모든 것을 즐길 줄 알아야 한다. 그러려면 자기 몸을 제대로 들여다보고 몸의 감각을 주의 깊게 관찰해야 한다.

몸은
정직하다

머리뿐 아니라 몸으로 느끼는 게 중요하다고 하는 데는 이유가 있다. 머리는 아무렇지 않게 거짓말할 수 있어도 몸은 거짓말할 줄 모르기 때문이다.

나는 그간 먹거리 만드는 일을 하면서 미각을 통해 머리와 몸의 반응을 주의 깊게 관찰해왔다. 애초에 맛있다는 감각은 모호하다. 절대

적이지 않다는 말이다. 미각은 사람마다 다르고 같은 사람이라도 몸 상태에 따라 달라진다.

다루마리는 맛 때문에 돗토리현 지즈초로 왔다. 이곳에 와서 물 하나도 깊이 음미해보니 매일 그 맛이 바뀐다는 것을 알고 놀라지 않을 수 없었다. 그런데 가만히 따져보면, 맛있어야 할 물이 맛없게 느껴질 때는 전날 과음해서 속이 안 좋거나 과식하고 잠을 설쳤거나 컨디션 불량이 원인일 때가 많다.

진수성찬이 눈앞에 있어도 컨디션이 나쁘면 맛있게 먹을 수 없다. 몸은 지극히 정직하다. 반대로 머리는 이랬다저랬다 한다. 음식에 얽힌 갖가지 정보와 그 자리 분위기에 너무 쉽게 영향을 받는 것이다.

이런 적이 있다. 지진이 일어난 뒤 지바현에서 오카야마현으로 이전하고 나서 재료는 무조건 전보다 더 좋은 것으로 바꾸려고 했다. 그때는 채종유 하나도 원료와 제조 방법을 다 알아본 뒤 골랐다. 그런데 그 기름을 먹고 내 몸이 거부감을 보였다. 혓바늘도 돋았다. 업자에게 몇 번이고 물어보고 따로 알아보기도 했지만 문제가 없어 보여 그대로 쓰기로 했다.

몇 년 뒤 그 업자가 뉴스에 나왔다. 지금껏 전통 제조법이라고 떠들었지만 실제로는 제조 공정에서 화학적 약품 처리를 했다는 것이었다. 그제야 당시 내 몸의 반응이 맞았다는 사실을 알았다. 머리가 내 몸의 반응보다 정보를 더 믿었다는 데 화가 났다. 이게 바로 앞에서 언급한 머리는 거짓말할 수 있어도 몸은 거짓말하지 않는다는 것을 여실히 보여준 예다.

2011년 3월 후쿠시마 제1원전에서 사고가 일어난 뒤, 우리는 입에 들어가는 모든 것을 이전보다 훨씬 더 신경 써서 고르게 되었다. 식품이 방사성 물질에 얼마나 광범위하게 오염되었는지 정보가 충분히 공개되지 않는 가운데 우리가 할 수 있는 일은 자기방어밖에 없었기 때문이다.

몇 년간 고기와 생선을 자제하고 채식 위주로 밥상을 차렸다. 외식할 때는 사용한 재료의 정보를 제대로 공개하는 가게로 갔다. 동시에 우리 생활 속 화학물질을 점검했다. 목욕탕에서 비누와 샴푸도 쓰지 않았다.

가쓰야마 주변에는 온천이 많아 자주 가는데, 머리는 뜨거운 물로만 감아도 문제없었다. 온천 수질이 좋은 데다 당시 육식을 거의 하지 않아 두피에 유분이 적었기 때문이었을 것으로 짐작한다.

치약만큼은 끊을 수 없어 계속 썼는데 훨씬 이전부터 치약을 쓰지 않았던 마리가 "미각에 영향을 준다고 해서 요리사 중에는 치약을 안 쓰는 사람도 많대"라고 하기에 나도 결국 끊었다. 그 대신 이를 더 세심하게 닦게 되었다. 그 영향인지 몰라도 오랫동안 고생하던 치아 관련 문제가 거짓말처럼 사라지는 경험을 했다.

이렇게 해서 지독하리만치 둔했던 내 감성은 아주 예민해졌다. 몸의 변화를 민감하게 알아차리게 되었으니 생각할수록 흐뭇하다.

몸을 움직이면
답이 보인다

빵 장인에서 맥주 장인으로 전향한 뒤 시간 여유가 생겼다. 빵을 만들 때는 매일 바빴지만 맥주를 만들 때는 한 달에 두세 번이나마 독서나 영화 감상을 할 수 있게 된 것이다. 하지만 사람은 여유가 생기면 쓸데없는 생각을 하기 마련이다. '직원들 열의가 떨어진 것 같은데?'라거나 '마리는 왜 심기가 불편해 보이지?'라거나 그것도 아니면 '가게 매출이 떨어지고 있나?' 등.

몸을 쓰는 일이 줄어들고 경영을 살피는 시간이 늘어나면 직원에게 무리한 노동을 시킬 가능성이 있다. 이건 문제가 된다. 경영자로서 사업체 유지만 우선시해 젊은 직원에게 과중한 노동을 강요하는 사례를 종종 본다.

머리는 몸이 얼마나 힘든지 모른다. 머리는 현실보다 미래를 보기 때문이다. 머리로 세운 일정을 맞추는 것은 몸이다. 자신이 직접 몸을 움직이지 않는 사람은 몸의 한계를 모르기에 일정에 맞춰 결과를 내놓으라며 무리한 노동을 강요하게 된다. 그래서 나는 아무리 두뇌 노동이 바빠도 몸 움직이기를 쉬지 않는다. 맥주를 만들고, 카페를 새로 단장하는 등 몸 쓰는 일은 미래를 보느라 불안해지는 자신에게 현실을 보여준다.

벽을 해체하느라 시간 가는 줄 모르다가도 오후 다섯 시 종이 울리면 퍼뜩 정신을 차린다. 아무리 서둘러도 어차피 한계가 따르는 법이다. 몸이 사람 능력의 한계를 가르쳐주니 천천히 즐기면서 하자는 생각이 드는 것이다. 몸을 움직인 뒤에는 술을 마셔도 맛있고 밥을 먹어도 꿀맛이다. 두뇌 노동만 해서는 그런 상쾌함과 행복감을 얻을 수 없다. 몸을 움직이면 직원들 마음에 공감하기도 쉽다.

사람마다 '마음이란 이런 것이다'라고 정의 내리는 방법이 다를 것이다. 나는 오토바이 사고를 겪고 다른 사람과 함께 몸을 움직여 상품을 만들어내는 경험을 하면서 내가 얼마나 약한 존재인지 알게 되었다. 그때 마리와 친구들에게 의지하며 마음을 얻었다고 생각한다. 그러니까 내가 생각하는 마음은 사람과 사람 사이에 존재하는 어떤 것이다. 타인과 관계를 맺어야 비로소 생겨나는 것 말이다.

그런데 현실 사회는 사람을 '두뇌노동자'와 '육체노동자'로 구분한다. 두뇌노동업계에는 이른바 학력이 높고 조직적·체계적인 문제해결력이 좋은 사람이 들어가고, 육체노동자는 그들이 조직한 것에 따라 저임금 장시간 노동을 강요당한다. 이렇게 두뇌노동자와 육체노동자 사이에는 장벽이 가로놓여 있다. 그러니 마음이 통하지 않을 수밖에 없다.

2부 '균의 소리를 듣다'에서도 언급했듯이 늘 변하는 자연처럼 우리도 변해야 한다. 그렇지 않으면 현실과 자신 사이에 괴리가 생긴다. 그 괴리 그리고 두뇌노동자와 육체노동자 사이의 장벽으로부터 단절과 격차가 생겨 다양한 사회 문제로 이어진다.

내 경험을 돌아보면 자연이든, 균이든, 타인이든 또는 기계든 간에 모든 것과 마음이 통하게 하고 몸을 움직여 현실을 직시할 때 '더 오래 살아남을' 확률이 커지는 것 같다. 그래서 나는 평생 장인으로 살고 싶다. 그것이야말로 진정한 수련이라고 생각한다.

참고자료

• 스즈키 쓰토무鈴木勉,《공생의 르네상스-인류사에서 장애 있는 사람들이 차지하는 자리》, http://www.fukushi-hiroba.com/magazine/book/essay/yosinasi/sympo_yousi1609.pdf

5부

다루마리 빵의
원천을 찾아서

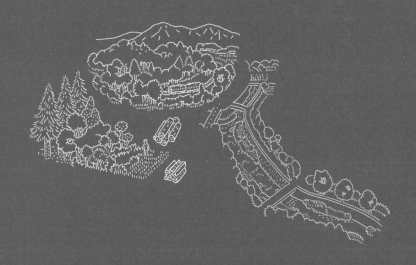

1장

첫 번째 원천,
물

더 좋은 물을
찾아서

예전 이야기로 돌아가보자. 나는 2011년 3월 11일 동일본 대지진
이 일어나자 지바현 이스미시에 열었던 빵집 다루마리를 폐점하고
(5월 31일) 곧바로 오카야마현으로 갔다(6월 1일). 서둘러 새 가게를
열고 싶어 가게 자리 찾는 데 안달이 난 상태였다.

당시 가게 자리의 조건으로는 누룩균을 채취할 수 있는 오래된 전
통 가옥에 깨끗한 물을 얻을 수 있어야 한다는 것이었다. 그래서 오
카야마현 남쪽의 오카야마시에서 출발해 가는 곳마다 물을 마셔가며
부동산을 찾았다.

지바현과 비교할 때 오카야마시는 시내 물맛도 놀랄 만큼 맛있었
지만, 더 좋은 물을 찾다 보니 점점 북쪽 산지로 향하게 되었다. 그리

다가 최종적으로 오카야마현 최북단에 있는 화산 지대 히루젠이 좋겠다는 결론에 이르렀다.

그런데 히루젠은 눈이 많이 내려 겨울에 손님이 찾아오기 힘들다기에 산기슭에 있는 마니와시 가쓰야마의 전통 가옥을 고르게 되었다. 그때가 6월 중순이었는데 주인과 협의해 입주는 12월에 하기로 정했다.

남은 5개월 동안 뭘 할지 생각했다. 아르바이트라도 할까, 빵을 더 연구해볼까……. 여러 생각 끝에 새 가게 단장에 필요하니 DIY 관련 책을 닥치는 대로 읽었다. 또 지바현에서 직접 가게를 꾸며본 경험에 비추어 아마추어 목수로서 내 약점도 분석했다. 결론은 기술 부족을 보완해줄 연장이 필요하다는 것이었다. 그래서 연장 관련 책도 사서 읽은 뒤 인터넷 사이트에서 중고 연장을 사들였다.

어떤 주제건 사람이 그에 몰두하다 보면 관련된 주변 사항까지 눈에 들어오게 된다. 어느 날 도서관에서 이 책, 저 책 살피다가 《우물 파기에 도전! 내 손으로 파는 깊은 우물》이라는 책에 시선이 딱 멈췄다. 책을 보자마자 '남은 기간에 내가 할 일은 이거다!'라는 생각이 들었다.

나는 깨끗한 물을 찾아 애써 서일본까지 왔다. 지진으로 전기·통신뿐 아니라 수도까지 끊길 수 있다는 공포는 이미 경험했다. 우물을 팔 줄 안다면 최강의 힘을 얻는 거라는 생각마저 들었다. 나 같은 생무지가 성공할지는 가늠할 길이 없었지만 말이다.

에도시대 우물을
발굴한 경험

사실 나는 우물 자리를 파본 경험이 있다. 스물두 살 때 일 년 정도 도쿄도 히노시 유적 발굴 현장에서 아르바이트를 한 것이다. 그 경험이 두고두고 요긴하게 쓰일 줄 그때는 몰랐다. 현장에서는 참으로 다양한 사람을 만났다.

고고학 교수님은 물론이고 야쿠자 출신 작가 아베 조지安部譲二와 같은 조직에 있었다는 아저씨, 야마나시 지방에서 이름깨나 날리는 폭주족의 특공 대장이었다는 형 등 지금 생각해도 세상 공부하기에 더할 나위 없이 좋은 환경이었다. 사회성이라고는 없었던 나는 그들 사이에서 이리저리 치이며 성장했다.

발굴 현장에서 남자들은 큰 구덩이를 파거나 덤프트럭으로 흙을 옮기는 따위의 일을 한다. 여자들은 흙의 색 차이를 찾아내며 아주 조금씩 땅 표면의 흙을 깎아서 흙 외의 물질을 찾아낸다. 그러면 교수님이 그 물질들을 확인한 뒤 붓으로 흙을 떨어내고 채취한다.

어느 날 교수님이 외쳤다.

"이거 엄청 큰데! 와타나베, 이거 좀 파봐!"

지시받은 대로 땅을 팠지만 파도 파도 돌만 나왔다.

"이거 에도시대에 쓰던 우물 같은데?"

뭐가 뭔지 알 길이 없는 나로서는 '이게 우물이라고?' 의심하면서 삽질을 이어갔다. 둥근 돌을 쌓아 만든 구조물이 서서히 드러났다. 그때부터 한두 달은 우물 발굴에 집중했다. 석제 구조물이 한 단 드러나면 여자들이 붓을 들고 들어가 돌 틈새에 끼인 흙을 세심하게 제거했다. 그러면 교수님이 우물 구조를 도면에 그렸고, 남자들은 다시 땅을 팠다.

정확히 기억나지는 않지만 5~8미터가량 팠을 때쯤 찻잔 파편과 말뼈, 위패 등이 나왔다. 교수님이 더 파면 위험하다고 해서 작업이 중단되었다. 더 파보고 싶었던 나는 아쉬웠다. 그런데 다음 날 현장에 가보니 구덩이가 허물어져 있었다. 더 파고 들어갔다가는 크게 다쳤을 수도 있다고 생각하니 온몸이 오싹했다.

삽 하나로
우물 파기

젊은 시절 그런 경험을 한 나는 내 손으로 우물을 완성할 수 있으리라는 자신이 있었다. 내가 파고 싶은 우물은 '깊은 우물'이라고 해서 가는 관을 지하로 연결하는 것인데 관이 들어갈 만큼만 땅을 파내는 방식이었다. 그러니까 애초에 구덩이를 크게 팔 필요가 없었다. 도서관에서 책을 읽다 말고 우물 팔 결심을 한 나는 한달음에 집주인을 찾아갔다.

"마당에 우물을 파고 싶은데 작업을 해도 되겠습니까?"

주인은 기꺼이 승낙했다. 나는 승낙이 떨어지기 무섭게 책에 나와 있는 대로 연장을 꾸려 땅을 팠다. 그런데 얼마 안 가 암석에 부딪혔다. 할 수 없이 다른 곳을 팠지만 또 부딪혔다. 가쓰야마는 시가지가 강가에 형성되어 땅속에 돌이 많았다. 현실 세계는 교과서대로 풀리지 않는다는 사실을 새삼 통감했다. 몇 번이고 다시 뚫었지만 결과는 같았다. 돌을 피해 가는 관을 박는 것이 힘든 작업임을 깨달았다.

방법을 바꾸어 인터넷을 검색했다. 돌이 많은 지대에서는 깊은 우물 공법을 쓰기 어려워 삽으로 팔 수밖에 없다는 내용이 나왔다. 그 말을 믿고 삽질을 시작했다. 하루 정도 파면 허리 깊이까지는 팔 수 있을 것 같았다. 구덩이가 좁으면 그 안에서 몸을 움직이며 작업하기 어려울 것 같아 주변을 넓게 파기로 했다.

2~3일 팠더니 몸이 완전히 묻힐 정도 깊이가 나왔다. 구덩이 내부에서 둘러보니 가장자리로 큰 암석이 여기저기 나와 있었다. 더는 어찌해야 좋을지 도통 알 수 없었다. 인근에 있는 수도 공사업자에게 물어보니 "삼각대를 설치하고 암석에 체인을 감은 뒤 체인 블록이라는 도르래로 암석을 끌어내는 방법밖에는 없다"라고 조언해주었다.

당장 체인 블록으로 커다란 바위를 밖으로 끌어냈다. 그러고도 계속 파 들어간 끝에 3미터 깊이에 도달했다. 구덩이 안에서 하늘을 올려다보니 무척 깊이 파 내려온 것 같아 뿌듯하기 그지없었다. 하지만 울퉁불퉁 삐져나온 돌덩이가 무너져 내릴 것 같아 아찔하기도 했다.

다시 공사업자에게 물었더니 이번에는 우물 내벽용 관을 삽입하며 작업해야 한다고 알려주었다. 내벽용 관이란 가운데가 뻥 뚫린 콘크리트관으로 '슈퍼마리오' 게임에서 마리오가 다른 세계로 이동할 때 이용하는 토관처럼 생겼다고 보면 된다.

이 콘크리트관을 하나하나 쌓으면 우물 내부에 콘크리트 벽을 쌓은 거나 마찬가지 효과를 내게 되어 구덩이가 무너지지 않는다는 것이다. 옳거니! 중요한 정보를 얻었으니 즉각 따랐다. 내벽용 관을 사서 구덩이에 넣고 그 관로 안에 들어가 흙을 파냈다. 바닥의 흙을 파내려갈 때마다 내벽용 관은 자기 무게 때문에 자연히 더 아래로 내려앉았다.

그렇게 해서 높이 90센티미터짜리 내벽용 관이 땅속에 완전히 묻히면 새 내벽용 관을 그 위에 올리고 다시 땅을 팠다. 내벽용 관은 지름도 90센티미터인데 그 안에서 삽으로 흙을 파서 체인 블록에 매단 양동이에 담으면 밖에서 기다리던 마리가 양동이를 끌어 올려 흙을 버린 뒤 다시 내려주었다. 이 단순한 작업을 계속해서 반복했다.

그런데 좁은 관 안에서 삽질하려니 삽 놀리기가 영 불편했다. 그래서 꾀를 낸 것이 삽자루를 짧게 자르는 것이었다. 손잡이만 개량해도 삽질이 얼마나 편한지! 좁은 공간에서도 삽자루를 내벽용 관에 부딪히지 않고 생산성을 확실히 높일 수 있었다.

우물 바닥에서
깨달은 것

그렇게 하루 더 파 내려갔더니 암석과 흙은 온데간데없고 반짝이는 모래층이 나왔다. 수직으로 내리꽂히는 햇빛을 반사한 모래는 흡사 사금처럼 눈부신 빛을 발했다. 어찌나 아름다운지 한동안 멍하니 정신을 놓고 보았다.

태곳적부터 흙은 세균이 만들어냈고, 모래는 수백 년 동안 큰 돌덩이가 비바람을 맞거나 강을 따라 흘러가다가 부서져서 생성되었다. 그리 아름다운 것들을 만들어내다니 자연의 힘은 참으로 놀랍다. 순간적으로 '이게 다 사금이면 곧 금덩어리도 캘 수 있을 텐데'라는 삿된 마음이 올라왔다.

하지만 그러다 부정이라도 타면 땅속 가스층을 만나 죽을지도 모른다는 생각이 머리를 스치자 이번에는 소름이 돋았다. 땅속에 혼자 있으면서 온갖 상상을 했다. 그리고 무엇과도 바꿀 수 없는 귀중한 시간에 감사했다.

그런데 사실 그런 느긋한 상념은 지상에 누군가 있을 때나 가능했다. 어느 날 마리가 저녁밥을 준비하러 차로 10분 거리에 있는 임시 거처에 가고 없었다. 땅속으로 5미터도 더 들어와 있으니 사다리가 있다 한들 혼자서는 밖으로 나갈 재주가 없었다. 구덩이를 벗어날 수단이라고는 오로지 지상에서 늘어뜨려 놓은 로프 한 줄뿐이었다.

그 줄을 잡고 오르는데 목숨이 달린 로프가 거미줄처럼 가늘게만 느껴졌다. 그대로 끊어지면 쥐도 새도 모르게 황천길로 가야 하니 말이다. 작업이란 게 몰두하다 보면 상황을 판단하기가 어려워지는 법이다. 체력의 한계를 계산하지 못한 탓에 로프를 잡은 몸은 제자리에서 버둥거리기만 했다.

'설마 내가 이렇게 무겁단 말인가!'

내 몸 하나 끌어올릴 힘은 남아 있을 거라고 우습게 본 것인데 실상은 팔 하나도 들어 올리지 못할 만큼 지쳐 있었다. 팔 힘이 없으니 다리로 벽을 짚고 올라가려고 했지만 내벽용 관 표면이 매끈해서 디딜 곳이 없었다. 요컨대 팔 힘 하나로 올라가야 하는 상황이었다.

초조해졌다. 할 수 없이 도로 내려가 우물 바닥에서 잠시 쉬면서 체력이 회복되기를 기다렸다. 잠시 후 로프를 잡고 다시 한번 천천히 올라갔다. 겨우 기어올라 우물 입구에 들러붙어서야 '번쩍' 묘안이 떠올랐다. 밧줄 중간에 듬성듬성 매듭을 지어놓는 것이었다. 매듭이 있으면 발을 디딜 수 있으니 훨씬 오르기 쉬울 것이다. '인간이 도구를 발전시킨 데는 이토록 절박한 사연이 있었겠구나' 하는 생각이 절로 들었다.

물이 솟아
나온다!

다음 날도 모래층을 계속 파 들어갔다. 이번에는 조금 축축한 층이 나왔다. '혹시 물이 가까이 있나?' 싶어 삽으로 푹 찔렀더니 아니나 다를까 퐁퐁 물이 솟아 나왔다! 한 번 더 퍼내니 이번에는 가만히 있어도 물이 술술 흘러들어 왔다.

"물이다!"

지상에 있는 마리를 향해 소리쳤더니 마리도 아래를 내려다보며 외쳤다.

"와, 산모 양수 터지는 것 같아. 우아!"

감동한 나는 얼른 우물 밖으로 올라가 마리를 얼싸안았다. 그리고 작업을 멈춘 뒤 축하 맥주를 마시고 그대로 뻗었다. 아침이 밝아 작업을 다시 시작했는데 어째 상황이 좀 이상했다. 삽질할 때마다 모래가 흘러 들어오더니 내벽용 관이 아래로 내려갈 생각을 안 했다. 이건 또 무슨 일인지 알 수 없어 다시 공사업자에게 가서 물었다.

"모래가 흘러 들어오는 층에서는 물이 나올 때 내벽용 관이 바로 아래로 내려가도록 땅을 단숨에 파야 해요. 안 그러면 물이 모래를 끌고 들어오기 때문에 내벽용 관이 내려갈 수 없거든요."

그랬다. 결국 그 우물은 써보지도 못하고 끝났다. 나중에 도로 메웠다는 말이다. 참고로 내벽용 관 구매에 든 비용이 대략 10만 엔이었다. 그때 파낸 모래는 다시 파묻기 아까우리만치 고와서 나중에 목욕탕 공사 때 활용했다. 모래와 시멘트를 섞어 바닥에 깐 것이다.

그렇게 해서 우물 파기는 반짝이는 모래만 얻고 끝났다. 제빵에는 물이 매주 200~400리터 필요했으므로 할 수 없이 히루젠 시오가마까지 차로 50분이나 가서 냉천수를 떠왔다.

애써 돈과 시간과 노력을 들인 우물 파기 체험은 실패로 끝났다. 헛일로 보일 만한 실패였지만, 가끔 술자리의 즐거운 안줏거리일뿐더러 도구와 기계에 관해 다시 한번 생각하는 교훈을 얻었다.

5부 다루마리 빵의 원천을 찾아서

옛 우물을
품은 카페

　그로부터 9년 뒤인 2020년, 역참 마을의 옛 모습이 그대로 남아 있는 지즈슈쿠에 새 카페를 내려고 빈집 리모델링 작업에 들어갔다. 이번에는 전문업자에게 부탁해 우물을 팠다. 전문가는 역시 달랐다. 사흘 만에 15미터나 파고 들어가 물이 나오게 해주었다. 비용도 25만 엔 정도밖에 들지 않았다. 전에 고작 5~6미터를 파는 데 10만 엔이나 들인 기억을 되살리니 내가 얼마나 비효율적인 짓을 했는지 새삼 깨달을 수 있었다.

　그렇지만 전문업자의 작업 결과로 물이 나왔을 때의 기분은 내 손으로 땅을 파 물을 얻었을 때 기분과는 확실히 달랐다. 직접 팠을 때는 황홀할 정도로 감동했으니 말이다. 역시 내 몸을 쓴 뒤 느끼는 기쁨은 직접 체험해보지 않고는 알 수 없는 것이다.

　공사 도중 카페 바닥으로 쓸 마루를 뜯었더니 과거에 쓰던 우물 자리가 드러났다. 인근 어르신께 어린 시절 이 부근에 우물이 있었다는 이야기를 들은 터라 내심 기대는 했지만, 정말 그 모습을 확인하니 감격이 배가되는 느낌이었다. 뚜껑을 열어보니 석축 구조의 우물이 모습을 드러냈다! 어찌나 예쁘게 만들었는지 옛사람 솜씨에 다시 한번 감탄했다.

　펌프를 연결해 한 시간이나 물을 퍼내니 바닥이 드러났다. 그래도 찔끔찔끔 물이 올라오는 게 보였다. 신기했다. 삽으로 파서 원천을 찾기만 하면 수량을 확보할 수 있을 것 같았지만 지금 체력으로는 땅속에 한번 들어가면 다시 기어 나올 수 없을 듯해 그만두었다.

어쨌든 우리의 새 카페는 실내 한복판에 옛날 우물 자리가 있는 전대미문의 카페가 될 것 같다. 우물가에 모여 물 긷고 잡담하던 '우물공사'를 그대로 재현하면 재미있을 것 같아 속이 보이도록 투명한 소재를 덮어 테이블로 이용할 계획이다. 옛사람들이 남긴 약동감을 그대로 살린 카페는 빵, 맥주 못지않게 다루마리의 세계관을 잘 보여주는 공간이 될 것 같다.

기저귀 없이
아이 키우기

똥개 훈련인가, 고행인가?

일찍이 인간이 자연과 더불어 살던 시절에 쓰던 기술과 도구를 되살리면 우리의 일과 삶은 더 편안하고 즐거워진다. 우리 부부가 빵을 만들고 아이들을 키우면서 실감한 일이다. 빵에 관해서는 나중에 다시 얘기하고 여기서는 아이들을 키우면서 했던 대단히 재미있는 경험을 소개하려고 한다.

지바현에서 빵집을 열고 2년째 되던 2009년 아들 히카루가 태어났다. 히카루는 아토피가 있어 아기 때는 온몸에 붉은 발진이 있었다. 기저귀가 닿는 궁둥이는 특히 심해서 마리는 웬만하면 피부 접촉면이 거친 종이 기저귀보다 부드러운 천 기저귀를 쓰려고 했다.

그런데 히카루는 하루에도 몇 번씩 찔끔찔끔 무른 변을 봤다. 그러니 기저귀를 갈아도 어느새 새 기저귀가 또 필요해졌다. 게다가 설사라도 하면 설사가 기저귀 밖으로 흘러나와 옷도 다 갈아입혀야 하는 일이 잦았다. 그럴 때는 빨랫감이 순식간에 늘어났다. 히카루를 업고 빵집 일을 하면서 기저귀와 전쟁까지 치르던 마리가 얼마나 힘든지는 혼잣말만 들어 봐도 알 수 있었다.

"똥개 훈련이 따로 없네. 고행도 아니고 끝이 없어! 아니지, 아니야. 고생 끝에 낙이 온다고 했어. 다 잘될 거야."

그러던 어느 날, 평소와 같이 들른 자연식품 전문점에서 마리는 《아기에게 기저귀는 필요 없다 赤ちゃんにおむつはいらない》(미사고 지즈루 편저)라는 책을 발견했다. 책을 읽은 마리는 당장 행동으로 옮겼다. 이른바 '기저귀 없이 아이 키우기'였다.

책에는 지금이야 아이들이 기저귀에 배설하는 일이 보편적이지만 옛날에는 목을 가누지 못할 만큼 어릴 때부터 기저귀에 의존하지 않고 요강 같은 데에 배설하게 했다고 나와 있었다. 그것을 본 마리가 말했다.

"그런 거야? 안 그래도 내내 궁금했어. 드라마 〈오싱〉을 보면 오싱이 천 기저귀를 냇가나 빨래터에서 빠는 장면이 나오잖아. 그래서 '옛날 사람들은 세탁기도 없이 기저귀 빠느라 얼마나 힘들었을까?'라고 생각했거든. 인제 보니 천 기저귀는 보조적으로 썼던 거구나."

기저귀를 하면 아이가 언제 소변을 보는지 알 길이 없다. 그런데 책에 몇 가지 힌트가 나와 있었다. 먼저 아기는 자는 동안 조금씩 소변을 보는 것이 아니라 잠에서 깼을 때 단번에 배설한다는 것이다.

아이 키우기가 즐겁다!

그래서 히카루가 잠에서 깨면 바로 기저귀를 벗기고 마당으로 데리고 나가 보았다. 그랬더니 정말 시원하게 소변을 봤다.

"와, 이거 봐!"

거기다 대변까지도 기저귀 없이 해결했다. 끙끙거리며 힘을 준다싶을 때 바로 기저귀를 벗기고 요강에 앉히면 여봐란듯 대변을 보았다! 그 모습에 나는 감동했다. 아이가 보내는 신호를 부모가 알아차려 요강에 앉히면 아이가 볼일을 보다니……. 배설을 통한 소통이 너무나도 재미있었다. 특히 아빠인 나는 젖을 물릴 수도 없어 아무래도 육아에 주체적인 처지가 아니었는데, 기저귀 없이 아이를 키우고부터는 나도 육아가 즐거워졌다.

게다가 기저귀를 쓸 때는 하루에 몇 번이고 대변을 보던 히카루가 요강을 쓰고 나서는 하루에 한 번 기분 좋게 변을 봤다. 생각해보면 기저귀에 배설하기는 어른도 유쾌하지 않은 일이다. 아기들도 기저귀보다는 요강이나 화장실에서 배설하는 편이 상쾌할 게 분명했다.

어느 날 보육원에서 아이를 데려온 마리가 이렇게 말했다.

"기저귀 안 쓰고 아이 키우기를 원장님한테 말씀드렸더니 원장님도 맞장구쳐주셨어. 옛날에는 돌이 될 때까지 기저귀를 못 떼면 부모가 부끄럽게 여겼대. 원장님 할머니께 들었다면서. 책에 나와 있는 내용과 똑같은 거야. 원장님도 참, 일찍 말씀해주셨으면 좋았을걸. 그나저나 이 지역에도 그런 문화가 얼마 전까지 남아 있었다는 말이잖아.

도쿄에서 나고 자란 우리 할머니는 아셨을까? 적어도 우리 엄마는 모를 거야. 어쨌든 도시보다 시골에 옛 문화가 많이 남아 있는 거라면 우리에게는 시골이 훨씬 좋은 환경이야."

그랬다. '만 3세용 기저귀' 같은 상품도 있으니 그때까지만 기저귀를 떼면 된다고 생각했다. 하지만 그건 최근에 생긴 상식임을 깨달았다. '맥주는 신선도가 생명!'이라는 광고 문구와 같은 이치다. 자본주의의 논리에 따라 상품을 얼마나 많이 파느냐를 염두에 두고 만든 광고 문구가 어느새 상식으로 자리 잡은 것이다.

소통을 방해하는 것들

어쩌다 우리는 선조들이 쌓아온 지혜를 쉽게 버리게 되었을까? 그 원인 중 하나는 '편리함'이라는 이름의 유혹이었을 것이다. 그런데 우리가 정말 편리해지기는 한 걸까? 적어도 기저귀에 관해서는 하나부터 열까지 옛날 방식이 더 나았다. 히카루가 18개월 되었을 때 동일본 대지진이 일어났는데, 우리는 이미 기저귀 쓰지 않는 법을 알았기에 기저귀 부족으로 난리가 난 상황에서도 불안해할 이유가 없었다.

또 부모가 아이의 배설 신호를 눈여겨보기만 해도 부모, 자식 간에 소통이 되니 이보다 더 좋은 일이 없다. 나와 마리는 그 소통만으로도 아이 키우는 재미가 커졌다고 느꼈다. 세상 모든 일은 소통할 때 즐거움이 배가되는 것이다.

나는 줄곧 발효 일을 하면서 '세상 무엇과도 소통할 수 있다'는 확신이 있었다. 그런데 소통할 대상과의 사이에 무언가가 끼어들어 소통을 방해할 때가 있다. 아이 배설에 관해 말하자면, 아이와 부모의 소통을 방해하는 것은 기저귀다. 기저귀는 원래 혹시라도 어른이 아이의 배설을 도와주지 못할 때를 대비해 신체와 외부 세계를 차단하는 도구였다.

도구는 대부분 '사이'에 존재하며 양자를 잇기 위해 탄생한다. 그런데 현대 사회에서는 '사이'에 존재하는 도구에 지나치게 의존한 나머지 애초에 해야 할 소통을 잊어버리는 일이 많다.

'기저귀 없이 아이 키우기'를 안 것은 둘째인 히카루가 8개월 때였다. 그보다 일찍 알았다면 첫째인 모코에게도 실천했을 텐데 아쉽다. 하지만 모코가 어릴 때 살았던 도쿄도 세타가야구의 아파트에서도 우리가 이 육아법을 똑같이 받아들였을지는 의문이다.

히카루 때는 지바현의 시골, 그것도 넓은 마당이 딸린 집에 살았으니 요강이나 화장실이 아니라 얼른 마당에만 데리고 나가도 배설하는 데 문제가 없었다. 그러니까 옛날 방식은 예전 환경까지 갖추어야 실천하기 쉽다는 말이다.

우리는 지바현에서 첫 가게를 열었을 때 직관으로 그것을 깨달았다. 그리고 결국 누룩균을 채취할 수 있는 자연환경을 찾아 두 번이나 이사했다.

2장

두 번째 원천,
재료

조연으로서의
빵

애초에 마리는 모유를 먹이고 천 기저귀를 쓰는 자연 육아 방식을 선택했지만, 왠지 모르게 답답해했다. 그러다가 기저귀 없이 아이 키우는 방법을 알고 나서는 육아가 즐거워졌다고 했다. 나도 그와 비슷한 경험을 했다. 빵 장인으로 빵을 만들면서 오랫동안 답답함을 느꼈다. 빵의 원천, 원류를 제대로 이해하지 못했기 때문이다.

여기서 말하는 원천은 시작점 같은 의미다. 다시 말해 빵 반죽을 할 때 들어가는 최소한의 기본 재료, 그러니까 균, 밀, 물, 소금이다. 나는 지금 재료를 유기농이나 자연 재배 재료로 바꾸는 게 좋다는 단순한 이야기를 하려는 것이 아니다.

원천을 따질 때는 각 재료가 생명을 얻는 곳, 주위 환경을 빼놓고 이야기할 수 없다. 그래서 역사적·문화적 배경과 자연환경의 변화 등 그 재료를 둘러싼 모든 것을 포괄해서 파고들어야 한다. 그런데 나는 빵의 원천을 깨닫는 데 시간이 오래 걸렸다. 수련 시절부터 빵 하나만 있어도 맛에 부족함이 없는 완성형 빵을 목표로 삼았고 그것이 습관처럼 내 안에 자리 잡았기 때문이다.

보통 빵 반죽을 할 때는 우유와 버터, 달걀, 설탕 같은 부재료를 많이 넣는다. 그런 반죽에 속을 채우고 토핑을 얹은 단팥빵, 크림빵, 멜론빵, 데니시 페이스트리는 인기 순위에서 늘 상위를 차지한다. 내가 빵을 배우던 그때나 지금이나 사람들은 빵 하나만 있어도 맛에 부족함이 없는 완성형 빵을 주로 만들고 나도 그 점에는 의문을 품지 않고 가게를 열었다.

그렇게 부족함이 없는 맛을 추구하던 어느 날, 요리사 친구에게 내가 만든 빵을 보냈는데 친구의 평가가 의외였다. 빵 자체의 맛을 과하게 추구한 나머지 다른 음식과 어울리기 어렵다는 것이었다. 나는 그 의미를 몰랐고 '그럼 이 맛있는 빵에 맞는 맛있는 음식을 만들면 될 것 아니냐?'라고 대수롭지 않게 여겼다.

그런데 지즈초로 이전하고부터 그 의미를 이해하고 지금은 조연으로서의 빵을 만든다. 그것 하나만 있어도 부족함이 없는 완성형 빵은 식사 시간이 점점 짧아지는 추세 속에서 발전한 게 아닐까? 패스트푸드도 그런 추세 속에서 탄생한 음식 중 하나다. 그런데 완성형은 언제나 배타적이다. 버터를 듬뿍 넣은 크루아상은 그래도 상큼한 채소 요리라도 곁들일 수 있지만, 멜론크림빵은 함께 대접할 음식이 마땅히

떠오르지 않는다.

이렇게 완성형을 목표로 발전한 빵을 보면 일본인은 빵을 다양한 음식과 함께 제공하는 문화를 키우지 않았음을 알 수 있다. 그리고 원천이라 할 수 있는 빵 반죽의 기본 재료를 중시하기보다 균을 순수 배양하는 기술이나 제빵성을 높이는 밀 제분 기술, 밀 품종 개량에 주목했다.

대체 빵이란 무엇인가? 나는 추세에 편승해도 될까? 나는 야생의 균을 채취하겠다고 마음먹었으니 사실 그때부터 빵의 원천, 빵 반죽과 관련된 것들을 시간을 거슬러 다시 발견했어야 했다. 그리고 그 시대의 기술을 온전히 표현할 도구와 기계를 선별했어야 했다.

농업이 있는
빵집

제빵의 원천은 무엇이며 원류는 어디를 향해 흐르는가? 초창기에는 모든 방면에 자신이 없었지만 적어도 이 질문에 대한 탐구가 내게 귀중한 양식이 될 거라는 점만은 직감적으로 이해했다. 그리고 그 탐구 과정에서 싫증을 잘 내는 내 성격 덕을 보았다.

나는 어렸을 때부터 뭘 하든 오래가지 못했다. 그래서 어떤 분야든 깊이 들어가 무언가를 찾아내기는커녕 입구도 제대로 통과하지 못했다. 취미도 그랬고 직업도 그랬다. 모든 것을 대하는 자세가 안이했다. 그러다가 제빵의 길에 들어서고야 재능이 없는 만큼 더 열심히 해야 한다는 사실을 깨닫고 전력을 다했다.

특히 자가 배양 천연 효모와 국산 밀만으로 빵을 굽는 '르뱅'의 작업을 접했을 때는 교과서 이론만으로 빵을 만들려고 한 내 앞에 커다란 장벽이 가로막고 선 것 같은 느낌을 받았다. 르뱅에 들어가기 전 대략 2년 동안 다른 빵집에서 빵을 배웠다. 하지만 르뱅에 들어가서는 완전한 혼란에 빠지고 말았다. 그 혼란은 '싫증'이라는 감정조차 잊게 했다.

결국 5년 가까이 네 군데 빵집에서 수련 생활을 한 뒤 독립했다. 기술이 완성되지는 않았지만 살면서 제빵 일에 싫증 내지는 않을 거라는 자신감은 생긴 상태였다. 야생의 균이 보여주는 자연계의 불안정함이 오히려 내가 이 일을 지속하게 해줄 거라고 확신했다. 그리고 제빵의 원천은 안정을 추구하는 과학기술보다 불안정한 자연의 법칙에 가까워야 한다고 느꼈다.

2008년 지바현에서 개업한 다루마리는 당초 '농업이 있는 빵집'을 내걸었다. 그런 콘셉트를 생각한 마리는 처음에는 빵집에 관심이 없었다. 대학 때부터 장래 희망이 지역의 농산물을 가공하는 농산물 가공업체 운영이었으니까 말이다.

그런 마리의 꿈을 반영하려면 빵 재료로 쓰이는 농산물을 가공해야 했다. 다시 말해 지역 농가에 밀을 생산해달라고 의뢰한 뒤 그 밀로 밀가루를 만들었다. 그러다 보니 제분기가 필요했다.

개업 당시에는 자금도 넉넉지 않았고 얼마나 생산해야 할지도 계산이 서지 않았다. 그래서 우선 10만 엔 정도 하는 아주 작은 돌절구 제분기를 샀다. 그런데 그 제분기는 성능이 너무 떨어지는지라 돌절구를 돌려 제분하는 동안 사람이 30분에 한 번씩은 상황을 살펴야 했다. 특히 습기가 많으면 밀가루가 엉겨 붙어 구멍이 막혔다. 그럴 때는 3~4일을 꼬박 빻아도 밀가루는 고작 10킬로그램 정도 얻을 뿐이었다.

제분하기 전의 밀 손질도 처음에는 모두 수작업으로 했다. 예를 들어 볕이 좋은 날에는 포장 막으로 쓰는 파란 시트를 바닥에 깔고 밀을 자연 건조했다. 또 밀에 섞인 잡티나 잡초 씨앗을 손으로 골라내거나 채에 올린 뒤 선풍기 바람을 쐬어 잡티를 날렸다. 선풍기를 쓰는 날에는 잡티가 눈에 들어가 두 눈이 온통 시뻘겋게 충혈되기 일쑤였다. 당시에는 빵을 구워 파는 날이 금·토·일요일 사흘뿐이었지만 나머지 나흘도 밀을 붙잡고 싸우느라 쉴 틈이 없었다.

그렇게 2년 가까운 세월을 보낸 뒤에야 정미기를 쓰면 단번에 해결된다는 사실을 알았다. 적당히 깎은 겉껍질을 잡티와 함께 날려버리는 정미기를 샀더니 그야말로 안성맞춤이어서 지금도 쓰고 있다.

그리고 당시에는 밀을 보관할 대형 냉장고가 없었기에 벌레가 끓지 말라고 밀을 페트병에 넣어 보관했다. 지금은 그때보다 밀 사용량이 늘어 대형 냉장고에 보관한다. 그래도 6월이 지나면 밀에 거염벌레가 엄청나게 끓는다는 사실을 알고 그 대비책을 직접 체득한 건 지바현에서 수작업을 해본 덕분이다.

밀 과
소 통 하 기

이렇게 초창기에 빵의 재료인 밀알과 소통해본 경험은 큰 자산이 되었다. 지바현의 농가에서 사들인 밀은 해마다 글루텐 함유량에 차이가 났는데 나중에는 밀의 색만 봐도 알 정도로 발전했다. 그 덕에 글루텐이 적은 밀로도 빵을 만드는 방법을 찾아냈다. 그래서 지금 다루마리에서는 글루텐이 적은 오카야마산과 규슈산 밀로만 빵을 만든다. 글루텐이 많으면 빵이 잘 부풀지만 질겨진다. 그런데 글루텐이 적은 밀을 썼더니 결과적으로 "와삭" 소리를 내며 단번에 기분 좋게 잘리는 빵"이라는 평가가 따랐다.

처음 빵을 배울 때만 해도 글루텐양이 적으면 빵을 만들 수 없다는 사고방식이 업계의 주류였다. 제빵용 밀은 곧 글루텐 함량이 높은 밀을 말한다는 공식이 성립할 정도였으니 일본산 밀을 쓰려면 혼슈산보다는 글루텐 함량이 높은 홋카이도산 밀을 써야 한다는 것이 상식이었다.

하지만 나는 밀과 소통하는 사이, 제빵에 중요한 요소가 글루텐 함량만은 아니라는 사실에 주목하고 빵에 쓰는 밀의 성질과 밀 다루는 방법을 알아냈다. 그래서 글루텐이 적은 밀을 쓰더라도 재배할 때 비료 주는 방법, 제분 방법, 빵 반죽 때 재료를 섞는 방법 등으로 보완해 훌륭한 빵을 만들 수 있었다.

구체적으로 나는 질소 비료를 덜 쓰는 환경에서 재배한, 발효에 적합한 가을 파종 밀을 쓴다. 그리고 밀의 에너지를 파괴하지 않으려고 갓 빻은 밀가루를 쓴다. 글루텐 막을 손상하지 않는 믹싱 기술을 구사하는 것도 중요하다.

글루텐을 이루는 두 가지 단백질인 글루테닌(찰기를 내는 단백질)과 글리아딘(늘어나는 성질을 내는 단백질)의 성질을 제대로 잘 살리는 믹싱 방법을 단련한 것도 그런 밀을 쓴 덕분이다. 이것은 나중에 '다루마리식 장시간 저온 발효법'의 핵심 기술이 되었다.

소형 제분기를 쓸 때만 해도 시간이 너무 많이 걸려 혼자서는 작업을 감당할 수 없었다. 건조 과일 커팅 작업은 아예 장모님 차지였으니 말이다. 개업 후 일 년이 지나고야 이대로는 안 되겠다 싶어 과감하게 오스트리아제 대형 돌절구 제분기를 들였다. 그랬더니 10킬로그램을 빻는 데 3~4일 걸리던 작업이 하루 만에 끝났다. 생산성도 눈에 띄게 좋아졌지만 무엇보다 좋은 밀가루를 얻을 수 있었다. 그때부터 일이 수월해졌다. 제때 제분하지 못해 임시 휴업하는 일도 없어졌다.

오스트리아제 제분기는 그 후 10년 가까이 쓰다가 바꾸었다. 그보다 더 큰 대형 롤 제분기를 들였기 때문이다(사진 자료 참조). 돌절구 제분기로는 통밀 가루밖에 제분하지 못하는데 롤 제분기로는 흰밀가루도 제분할 수 있다.

앞서 말한 대로 오카야마현에서는 낮은 천장, 예산 부족을 이유로 직접 개조한 탓에 제대로 가동해보지 못했다. 거기다 동네 쥐까지 몰려들어 야단법석이었다. 그런데 지즈초로 이전해서는 제분기를 설치할 수 있게 천장 높이가 6미터 정도 나오는 방을 확보했다. 그뿐만 아

5부 다루마리 빵의 원천을 찾아서

니라 나가노현에 있는 야나기하라柳原 제분기라는 전문 업체에 개조를 의뢰해 드디어 꿈에도 그리던 제분 시스템을 확립했다. 이제는 흰 밀가루 60킬로그램을 두 시간이면 제분할 수 있다.

우리는 밀가루 전체 사용량의 20%를 자가 제분으로 소화하고 있다. 자가 제분하는 밀은 지즈초에서 고개 하나 너머에 있는 오카야마현 쓰야마산 밀이다. 나머지 80%는 대형 제분회사인 구마모토 제분이 생산한 규슈산 밀가루를 사용한다.

거의 모든 빵에 자가 제분 밀가루가 들어가는데 배합 비율은 빵 종류에 따라 다르다. 구운 과자와 피타는 100%, 피자와 바게트는 40%, 기타 빵은 20%다. 앞으로는 자가 제분 사용률을 더 높일 계획이다. 그러려면 기술을 한층 더 혁신해야 한다.

갓 빻은 밀가루의
에너지

다루마리가 자체 제분기를 들인 목적은 지역 농가가 생산한 밀을 이용해 지역 내 순환을 실현하기 위해서였다. 그런데 실제로 해보니 예상치 못한 장점을 더 많이 발견할 수 있었다.

첫째, 밀가루 입자의 크기 정도를 나타내는 입도 문제다. 제분할 때는 밀가루 입자의 크기를 일정하게 하려고 밀을 빻은 뒤 철망에 내리는 과정을 거친다. 그래서 밀가루 입자의 크기는 철망 그물코인

매시 숫자로 표시한다(사방 1인치 안에 구멍이 얼마나 뚫려 있는지를 표시). 예를 들어 현재 다루마리가 사서 쓰는 구마모토 제분의 밀가루는 170매시(입자 지름 0.088밀리미터)인 데 반해 다루마리 제분기로 제분한 밀가루는 120매시(입자 지름 0.125밀리미터)이다. 사람 눈으로 볼 수 있는 입자 지름의 한계는 0.1~0.2밀리미터이므로 다루마리에서 자가 제분한 밀가루 입자는 맨눈으로 겨우 확인할 만한 크기다. 감각 문제이기는 하지만 빵을 만드는 사람으로서 나는 밀가루를 눈에 보이는 크기로 만들고 싶고 그렇게 만들어진 빵을 먹고 싶다.

참고로 현재 유통 중인 일반적인 밀가루는 200매시(입자 지름 0.074밀리미터)라고 한다. 밀가루 입자는 옛날보다 훨씬 고와지는 추세다. 사람들이 더 폭신폭신한 빵과 케이크를 원하기 때문이다.

빵을 만들 때 순수 배양균을 쓰면 발효 시간이 짧아서 빵이 부스러지기 쉽기에 그 점을 개선하려고 더 고운 밀가루를 쓰게 된다. 밀가루 입자의 지름이 작아질수록 표면적이 늘어나므로 더 빨리 물과 결합해 잘 부스러지지 않아서 그렇다.

반대로 천천히 발효시키는 경우에는 밀가루 입자가 그렇게 곱지 않아도 된다. 다시 말해 입도가 거친 밀가루라도 야생의 균으로 장시간 발효시키는 옛날 방식으로 빵을 만들면 수분이 깊이 침투하므로 굽고 나서 시간이 흘러도 부스러지지 않는 부드러운 빵을 만들 수 있다. 그래서 다루마리가 사용하는 롤 제분기로도 충분히 맛있는 빵을 만들 수 있는 것이다. 그렇게 자가 제분한 밀가루에는 고운 입자부터 거친 입자까지 골고루 포함되어 맛과 풍미가 좋다.

5부 다루마리 빵의 원천을 찾아서

둘째, 밀가루의 선도 문제다. 일반적으로 유통되는 대형 제분회사 밀가루는 제분 후 일부러 2주 정도 시간을 둔 다음에 출하한다. 갓 제분한 신선한 밀가루는 효소 활성도가 높아 순수 배양균으로 빵을 만들 때 반죽이 끈적거리거나 생각만큼 부풀지 않기 때문이다.

그런데 2주 정도 뒤서 효소 활성도를 떨어뜨리면 그와 동시에 산화 작용이 일어난다. 특히 통밀 가루는 유분과 영양가를 많이 함유해 산화되기 쉬우므로 가능한 한 새로 빻아 쓰는 것이 좋다. 나는 산화한 밀의 독특한 냄새를 좋아하지 않는다. 전에는 통밀 가루 빵에서는 원래 그런 냄새가 난다고 생각했다. 그런데 직접 신선한 통밀 가루로 빵을 구워보니 그제야 비로소 그 냄새가 산화취라는 것을 깨달았다.

다루마리처럼 전통 방식으로 빵을 구울 때는 갓 제분한 신선한 밀가루가 큰 이점으로 작용한다. 자가 배양 효모로 천천히 발효시키는 사이에 효모뿐 아니라 유산균의 작용까지 더해져 빵 반죽의 페하(pH)가 떨어지므로 효소 활성을 억제할 수 있어 신선한 밀가루를 써도 제빵에 문제가 없다. 그래서 갓 제분한 밀가루의 에너지를 살릴 수 있다. 갓 빻아야 영양가도 높고 향과 맛도 좋은 빵을 만들 수 있다.

애당초 밀을 빻고 빵을 만들어 먹는 행위의 원류는 땅이 베풀어준 밀을 낟알째 먹으면 소화하기 어려우니 가루를 내어 맛있게 먹겠다는 생각일 것이다.

그런데 자본주의 사회는 '가급적 빨리 제품화할 수 있는 제빵성 높은 밀가루'라는 목적지를 향해 흐름을 바꾸었다. 순수 배양균을 이용한 속성 발효에 맞춘 제빵성 높은 밀가루는 아주 곱고 입도가 균일해서 재빨리 균등하게 수분이 침투하는, 효소 활성도를 없앤 상태다. 이른바 밀가루도 동적인 상태가 아니라 정적인 상태를 바람직하게 보는 것이다.

발효의 원천인 균에 대해서도 자본주의 사회에서는 속도에 특화한 흐름을 만들어냈다. 인구 증가 시대에 공업적 생산성이 요구된 점은 이해할 수 있다. 하지만 현대와 같은 인구 감소 시대에는 요구되는 바도 다르지 않을까?

3장

세 번째 원천,
기술과 도구

약한 것들이 모여
단단해진다

우물 파던 이야기에 썼다시피 2020년에는 새 카페를 열기 위해 빈 집을 얻어 리모델링을 시작했다. 이로써 다루마리는 지바현에서 첫발을 내디딘 뒤 네 번째 가게를 단장한 셈이다. 이번에도 나는 공사 현장에서 작업에 참여했다. 전에는 목공 일을 주로 했지만 이번에는 목공 일은 전문가에게 맡기고 해체 작업을 제대로 하고 싶어서 바닥 마루 뜯기 등에 몰두했다.

목공 일을 맡긴 전문가는 '건축공방 미라'의 주인 고노 류타河野竜太 (이하 '류씨') 씨였다. 류씨는 오카야마현 시절에도 가게 중정의 다리와 우드데크 등을 맡았는데 훌륭한 솜씨로 흡족한 결과를 보여주었다.

류씨는 오카야마현 니시아와쿠라손 출신이다. 니시아와쿠라에서는 건축업자들이 분야별로 일을 나누지 않고 전문 목수 한 사람이 가족 단위로 일을 꾸리는 경우가 많다고 한다. 시골의 작은 진료소에서 의사 한 명이 모든 진료 과목을 다 보듯이 목수 한 사람이 건축과 관련한 모든 일을 혼자 처리한다는 것이다. 뭐든 혼자 할 수 있어야 한다는 스승 밑에서 배운 덕에 류씨는 온갖 기술을 익혔다고 했다. 이번 카페 단장 때는 그런 류씨의 솜씨가 아낌없이 발휘되었다.

건물이 낡은 데다 사람이 살지 않은 지 오래된 터라 수리할 곳이 많았다. 해체해보니 기둥은 흰개미가 갉아 먹었고 다른 곳도 예상외로 상태가 심각했다. 건물이 기울어진 것도 해체하면서 알았다. 가만 보면, 옛날 건물은 자재를 일정한 규격에 맞춰 쓰지 않았다. 지금처럼 두께와 크기가 일정한 자재는 찾으려야 찾을 수 없다. 천장에 올린 대들보는 말 그대로 통나무를 그대로 올린 것이다. 류씨는 그런 점을 좋아했다.

지붕도 함석을 들어내니 상당 부분 썩어 있었다. 류씨는 판자를 한 장, 한 장 쇠망치로 두드려 확인한 뒤 약해진 놈은 새 판자로 교체했다. 그 손놀림이 어찌나 빠르던지! 연장 하나 손에 들고 집을 살려내는 목수와 나무의 소통을 직접 볼 수 있었다.

지붕이 망가진 채 건물을 방치하면 건물은 급격히 망가진다. 현관 벽을 헐고 보니 기반을 이루는 기둥 전체가 썩어 있었다. 입체는 가로, 세로, 높이의 세 축이 만나 이루어지는데, 그 받침점이 모두 썩었으니 현관은 공중에 떠 있는 거나 마찬가지였다. 만약 그걸 모르고 현관 천장에 올라가 작업을 진행했다면 어찌 되었을지 상상만 해도 끔

찍했다. 나와 달리 류씨는 태연했다.

"집이란 벽과 벽에 바른 콘크리트, 벽을 지지하는 판자가 다 같이 힘을 받아 버티는 거예요. 그러니까 쉽게 무너지지 않는다는 거죠. 여기는 보강재를 넣고 기둥을 뺍시다."

그러더니 순식간에 폐자재를 다듬어 기둥을 교체할 골격을 가공했다. 다 썩은 기둥 대신 얄팍한 판자와 벽이 골격을 이루다니 이건 정말 야생 효모의 세계와 너무도 닮았다는 생각이 들었다. 약한 균도 여럿이 함께 서식하면 발효를 일으킨다. 세상은 모두가 같이 떠받드는 것이다. 약한 존재이기에 여럿이 힘을 모으는 의미가 크다. 그 어떤 세계에서도 모두가 각자 개성을 발휘할 수 있다면 사회는 끄떡없을 것이다. 류씨가 말했다.

"요즘이야 세상이 편해서 전동 공구도 쉽게 구할 수 있고 목재도 처음부터 도면대로 자른 것을 가져다 쓰죠. 하지만 모름지기 목수라면 전기 없이도 부릴 수 있는 전통적인 연장으로 집을 지을 줄 알아야 해요. 그런 사람을 목수라 불러야죠. 젊은 사람들도 그런 오래된 기술을 이어가면 좋겠는데 말이죠."

'목수 일의 원천은 나무고 원류는 나무를 깎는 데서 시작된다. 나무와 소통하는 자세가 중요하다'는 얘기로 들렸다. 나무가 나서 자란 환경까지 헤아려 소통하는 목수는 목재의 가장 좋은 상태, 그 목재를 어디에 써야 쉬이 썩지 않는지를 알기에 오래가는 집을 지을 수 있을 것이다.

목수 일이나 빵 만드는 일이나 원천은 자연환경이 빚어낸 최소한

의 재료다. 그리고 그 환경을 갖추고 잘 다듬을 때 비로소 흔들림 없
는 흐름이 생긴다. 그런데 요즘 사람들은 경제성만 우선시해 인건비
가 드는 비합리적인 일은 피하려 든다. 어느 업계에서나 같은 일이 벌
어지고 있다. 생산성 향상만 부르짖으면 오래된 기술은 부정적 낙인
이 찍히고 급기야 사라질 것이다.

장인이 기계를
다루는 법

다루마리를 찾아오는 고객에게 공방을 안내하면 놀란 기색으로
"기계가 이렇게나 많을 줄 몰랐어요"라는 말을 한다. 사람들은 장인의
일과 기계화는 반대 개념이라고 오해하는 것 같다.

근육질 남성들이 탄탄한 몸으로 묵묵히 빵 만드는 데에만 집중하
는 엄격한 현장을 상상하는 사람도 많을 것 같기는 하다. 하지만 분명
히 말해 다루마리의 빵은 기계 없이는 만들 수 없다. 변명이 아니라
전통 방식을 더 심화 발전시켜 현대식으로 재탄생시키려면 과학기술
이 필요한 것이다.

예를 들어 빵 공방에서는 도우 컨디셔너라는 기계를 쓰는데 이는
'○시에 ○도'라는 식으로 시간과 온도를 3단으로 설정할 수 있는 편
리한 기계다. 다음 날 구울 빵 반죽의 상태를 보면서 저녁에 시간과
온도를 설정해놓으면 다음 날 새벽 3시에 일을 시작할 때 알맞게 발

효된 반죽을 분할 성형할 수 있다. 물론 그 설정 온도와 시간을 판단하는 사람은 기술을 갖춘 장인이다.

실제로 다루마리의 빵 공방에 있는 기계는 도우 컨디셔너 넉 대, 스파이럴 믹서 두 대, 수직형 믹서 한 대, 오븐 한 대, 제분기 한 대다. 카페에는 커피메이커 외에도 원두 로스터, 피자용 펠릿 오븐, 소시지 제작용 믹서 등이 있다. 거기에 맥주 양조에 쓰는 기계류도 여럿이다. 전체적으로 쓰는 업무용 냉동·냉장고 열 대, 조립식 냉장고 넉 대도 있다.

냉장고가 왜 이렇게 많이 필요한가 하면, 다루마리는 농산물 가공장이기도 하기 때문이다. 인근 농가에서 사들인 쌀과 밀 등의 농산물을 보관하려면 아무래도 조립식 대형 냉장고가 있어야 한다. 카페에서 제공하는 주스용 수제 시럽도 보관해야 하고, 나무통에 넣은 맥주도 숙성시켜야 하니 이래저래 넓은 냉동·냉장 공간이 필요하다.

기계가 다루마리의 빵과 맥주를 완성하는 데 중요한 역할을 하는 건 사실이지만, 생산성 향상 외에는 안중에 없는 기계가 많으므로 기계를 선택할 때는 신중해야 한다. 한정된 자금으로 기계를 들이면서 가장 중시한 점은 범용성이다.

직접 수작업으로 해봤던 일을 기계로 대체하면 기계 한 대를 여러 용도로 쓸 줄 알게 된다. 가령 빵 반죽용 믹서에는 '대량의 재료를 섞는' 기능이 있으니 빵뿐 아니라 햄버그스테이크나 소시지 반죽을 만들 때도 쓸 수 있다. 도우 컨디셔너는 빵 반죽을 발효시킬 때 주로 쓰지만, 쌀누룩을 배양할 때도 온도 관리 기능이 있어 활용할 수 있다.

제분기는 빵에 쓸 밀가루뿐 아니라 맥주에 쓸 맥아를 빻을 때도 사용한다. 이처럼 현장에서는 매일 기계와 도구의 의미를 파악해 기계 제작자의 의도와 다른 용법을 발견하곤 한다.

지금까지 경험을 돌아보면 나는 수작업의 연장선으로 볼 수 있는 단순한 기계를 좋아하는 것 같다. 매일 무언가를 생산하는 과정에서 환경의 변화를 느끼며 결과물의 상태가 균일하지 않은 원인을 오감을 동원해 찾아내고, 나와 대상물 '사이'에 놓인 기계로 오감이 방해받는 것을 싫어하기 때문이다.

하지만 생산성 향상이라는 자본주의의 절대적 가치 덕에 수작업의 연장에 불과한 단순한 도구와 기계는 점점 설 곳을 잃고 있다. 그것들이 사라지지 않게 하려면 장인이 현장에서 매일 쓰는 도구와 기계의 의미를 재발견해 제조사나 학자에게 피드백을 줄 필요가 있다.

철학 있는 소형 제조업체가 사라진다

밀은 빵의 원류로 대단히 중요한데 밀을 제분할 때도 생산성 향상이라는 흐름을 거스르기 어려운 것이 사실이다. 기술뿐 아니라 오래된 도구나 기계도 마찬가지다. 시대의 흐름 속에서 효율화가 정의로 자리 잡은 탓에 철학 있는 작은 제조업체가 사라지는 추세다.

전후 일본은 미국의 남아도는 밀 판매 전략에 이용되었다. 그 시절에는 '쌀을 먹으면 바보가 된다'고 선전하며 일본인이 오랜 세월 먹었던 쌀을 부정적으로 모는 대신 빵을 먹으라고 강요했다. 그렇게 미국에서 값싼 밀이 대량 수입되자 국내산 밀은 생산량이 격감했다. 동시에 한때는 마을에 한 대씩 있었다는 소형 제분기도 자취를 감추고 말았다.

직접 제분기를 구매하고 처음 알게 된 사실이 있다. 우리 같은 작은 빵집이 쓸 만한 소형 롤 제분기를 만드는 전문 업체가 딱 한 군데, 나가노현 야나기하라 제분기밖에 남아 있지 않다는 것이다. 1953년 농림성 농업개량국이 발표한 '소형 제분기에 관한 연구 자료'를 보면 15개 제분기기 제조업체에 관한 연구 내용이 있다. 따라서 적어도 15개 회사는 있었다는 말이다. 그러던 것이 불과 70년 만에 한 군데 말고는 다 사라졌다.

규모가 큰 제분기기 제조업체는 여럿 있다. 참고로 현재 일본에서 생산되는 전체 밀가루의 약 80%는 고작 네 기업이 제분하는 것이다. 다시 말해 밀가루 가격은 그 네 군데의 거대 제조사가 결정한다고 할 수 있다. 대규모 업체만 살아남는 것이다.

과거가 좋았다고 그리워하고 회상하는 정도로 끝낼 사소한 문제가 아니다. 우리 같은 생산자가 아무리 '여기 가치 있는 물건이 있습니다!'라고 주장한들 대량 생산 시스템의 저가 공세는 밀가루 가격을 정하는 힘을 행사한다.

그러면 직접 밀을 제분해서 쓰고 싶어도 빵 가격을 떨어뜨리려면 대규모 업체의 밀가루를 쓰지 않을 수 없다. 그에 따라 소규모 제분기

수요는 줄어든다. 소규모 제분기가 세상에서 사라지면 아무리 나 같은 장인이 '빵의 원천은 밀에 있다!'고 주장하며 지역 농가에 밀 재배를 의뢰한들 직접 제분할 수 없게 된다.

제분기뿐 아니라 오븐도 소규모 업체가 자취를 감추고 있다. 다루마리 개업 당시, 적은 돈으로 제빵에 필요한 기자재를 갖추기 위해 가급적 저렴한 중고품을 들이려고 했다. 그중에서 가장 신경 쓴 것은 오븐이다. 새 제품은 아니었지만 어차피 자가 배양 효모와 국산 밀만으로 시간과 노력을 들여 빵을 만들 거면 열원은 전기가 아닌 가스를 쓰려고 했다.

그래서 알아본 결과, 전국의 소신 있는 빵집이 많이 쓴다는 가스 오븐 업체가 있어 구입하기로 했다. 당시만 해도 우리 둘이 먹고살 정도면 된다고 생각해 소소하게 2단 오븐을 골랐다. 그런데 어느새 직원을 고용해 예상보다 많은 양의 빵을 굽게 되었다. 나중에는 날마다 오븐 제조사가 추천하는 사용량의 3배나 구워내며 기계를 혹사했다.

지바현에서 오카야마현을 거쳐 지즈초로 이전할 때 그 2단 오븐도 함께 이사 다녔다. 근 11년을 동고동락하며 애정을 쏟았으나 결국 2019년 2월이 마지막이었다. 몇 번이나 수리하며 아껴 썼지만 불이 잘 붙지 않는 등 수명이 다한 것이다. 더 큰 오븐을 써야 작업 효율이 올라가고 노동 시간도 단축한다는 것은 이미 알던 차였다. 그래서 조금 더 큰 3단 오븐으로 교체하기로 했다.

전과 같은 업체의 물건을 들일 생각으로 오래 알고 지낸 담당자에게 의논했다. 그런데 새 오븐을 도입하려 한 시점보다 반년쯤 전에 제조사가 도산했다는 말을 들었다. 그 회사의 오븐은 내 의도대로 빵을 구울 수 있어 다루마리에는 최적의 기계였다. 그토록 좋은 기계를 만드는 회사였는데, 오븐에 대한 열의가 너무 뜨거웠던 걸까? 개발에 투자를 아끼지 않다가 자금난으로 도산했다는 것이다.

이유는 정말 그것뿐이었을까? 그 회사 오븐은 전국의 천연 효모 빵집이라면 모두 쓰던 물건이다. 경제 침체로 소신 있는 빵집의 경영이 어려워져 오븐을 살 여유가 없어진 것도 영향을 미치지 않았을까 추측한다. 이 문제에 관해서도 인과관계를 쉽게 단정 지을 수는 없다. 다만 원인과 결과가 복잡하게 얽혀 돌아가는 세상 속 인연이 돌고 돌아 기술력 있는 한 오븐 제조사가 도산한 사실만 남았다.

가격이 아닌 가치에
주목해야 한다

옛날에는 동네마다 생산자 수만큼 도구와 기계가 있어서 그 숫자만큼 다양한 제품을 만들어냈다. 그 제품에는 우리 동네 물건이 최고라거나 그 사람이 만든 물건이 아니면 못 쓴다는 자부심이 담겼다. 또 그 제품을 사고팔기 위한 다양한 시장이 하늘에 반짝이는 별만큼이나 많았다.

예부터 전하는 생산 방식에 맞는 소규모 기계를 확보할 수 없으면 사회는 결과적으로 답답해진다고 생각한다. 획일적인 상품 경제가 빚

5부 다루마리 빵의 원천을 찾아서

어내는 동조 압력에서 벗어나고자 소량이지만 철학을 담은 물건을 만들고 싶어도 거기에 필요한 기계가 없다면 안정적으로 제품을 만들고 경영하기는 불가능하다.

생산성을 어느 정도 올릴 기계를 확보해야 우리 같은 영세 기업이 유지될 수 있다. 시장에 다양한 상품이 돌게 하려면 생산에 필요한 소규모 기계를 제조하는 업체가 살아 있어야 한다는 말이다.

경제적 합리성에 따라 움직이는 사회는 규모가 작고 불안정한 제조업을 말살한다. 그렇게 사라지는 업체들을 보면서 심각한 우려를 느낀다. 좋은 제품이 모이고 쌓여야 좋은 사회를 이룰 텐데 어째서 좋은 제품을 만드는 업체가 살아남을 수 없을까? 시장의 글로벌화와 정부의 긴축 재정에 따라 빈부 격차가 커지고 중산층이 무너져 사람들이 의식주와 관련한 좋은 물건을 살 힘이 없어졌기 때문이 아닌가?

상업에 종사하는 사람의 눈으로 보면 글로벌화로 가격과 가치 간의 간극이 커진 데 문제의 원인이 있는 것 같다. 정치적으로나 경제적으로나 시장은 세상을 정당하게 평가할 만큼 독립되어 있지 않다. 대기업이 추구하는 바에 따라 움직이는 시장 구조가 가격과 가치 사이의 간극을 점차 넓히고 있다.

이런 가운데 시장의 독립성을 유지하려면 소비자가 상품의 다양성을 인정하고 추구하며 구매해야 하지 않을까? 시민 한 사람, 한 사람이 가격이 비싸도 소신 있게 소비하여 저마다의 멋과 방식을 찾는 시장을 만드는 것이 중요하다고 본다.

나는 마리와 결혼한 이후 소비 행동이 완전히 바뀌었다. 예전에는 습관처럼 가격을 보고 상품을 골랐다. 그런데 마리는 가격에는 신경 쓰지 않고 물건이 좋으면 샀다. 나는 내가 살 수 있는 가격 범위 밖의 물건에는 눈길을 주지 않았으므로 정말 필요한 물건, 좋은 물건을 가질 수 없었다. 내가 느끼는 적당한 가격, 그 가격에 사는 물건 밖에는 어떤 세계관이 있는지 알 길이 없었다. 그러다 마리 덕에 나도 가격이라는 틀을 허물 수 있었다. 그때부터는 세상 경치가 완전히 달라졌다.

그런데 그런 별천지를 느끼려면 모두 자기가 쓸 돈을 갖고 있어야 한다. 바로 그 때문에 지속 가능한 다양한 사회를 만들려면 격차를 해소해야 한다는 말이 나오는 거라고 믿는다. 시장에서는 돈이 투표권이다. 그러니 소비자의 구매력을 유지할 수 있는 사회 구조가 필요하다.

집짓기와 마찬가지로 사회도 '여럿이 힘 모아 버티는' 상태가 이상적이다. 그래서 그런 상태를 만들기 위해서도 시장에 영향을 주는 정치의 흐름을 눈여겨보고 격차가 커지지 않도록 생산자들과 대화를 나누어야 한다.

생산자로서 내가 할 수 있는 일은 획일적인 시장을 조금이라도 흔드는 상품을 선보이는 것이다. '잘 팔리는 물건'을 만들겠다고 나서다가는 결국 대기업과 다를 바 없는 획일적인 상품을 만들게 된다. 그래서 나는 새로운 가치관을 제시할 수 있는 빵과 맥주를 만든다. 그리고 그러한 생산을 떠받쳐줄 기계 제조업체와 함께 생존하기를 바란다.

전 과정을 지역 내에서
해결하다

나는 빵집을 개업할 때 작은 돌절구 제분기를 들여놓고 밀과 대화부터 시작했다. 그처럼 맥주도 부엌에서 수작업하는 것으로 양조 과정을 시작했다. 오카야마현 시절 빵에 넣을 효모를 얻기 위해 맥주를 만들었을 때는 인터넷에서 산 작은 들통을 양조조로 개조한 것이 첫 작업이었다. 그 경험과 지식은 2년 뒤 지즈초로 이전해 맥주 공방을 차릴 때 충분히 활용했다.

지즈초에서 차린 맥주 공방도 직접 꾸민 공간으로 부엌보다는 컸지만 소규모였다. 400~600리터 정도 저장할 수 있는 탱크가 넷 있는데 200리터짜리 들통으로 맥아즙을 만들다 보니 탱크를 채우려면 같은 작업을 두 번 해야 한다. 맥주 장인이 된 지 3년째인 지금은 맥주 공방도 조금 규모를 키워 기계화해야 할지 말지를 고민 중이다.

조금 더 큰 자동 양조조를 살까 싶은데 아직은 판단을 보류하고 있다. 교과서에서 배운 지식을 그대로 구현하는 단계에서 실제로 만들고 피부로 느끼면서 전체를 파악하는 단계로 발전하는 중간 과정에 머물러 있기 때문이다. 규모도 작고 안정적이지 않은 생산 체제이니만큼 아직은 실패나 결과물의 질이 일정치 않은 현실에서 많은 것을 배울 것이다.

제빵 일도 작고 불안정한 생산 체제로 시작했기에 그 원천을 깨달을 수 있었고, 그 덕에 지금과 같은 제조 시스템을 확립할 수 있었다.

빵의 원천은 균과 밀이지만 그것을 둘러싼 공기와 물도 중요하다. 물론 장인의 기술과 세심하게 갈고닦은 관찰력도 필요하다. '다루마리식 장시간 저온 발효법'은 하나의 요인이 아니라 작은 요소가 합해져 모든 것이 어우러졌기에 확립된 것이다.

원천을 알고 원천이 흘러가는 방향을 분명히 알았기에 안정적으로 빵을 만드는 기계화를 결심할 수 있었다. 그런데 맥주는 아직 경험이 충분하지 않은 것 같아 규모를 키우고 기계화하기에 조금 이른 감이 있다.

지금 사용하는 외국산 유기농 맥아는 배편으로 들여와서 맥주를 만들기까지 일 년 정도 걸리는데 과연 이 방식으로 재료의 에너지를 제대로 끌어낼 수 있을까? 원천이 뿜어내는 살아 있는 생명력을 발휘하게 할 관건은 시간과 공간이다. 그래서 인근에서 재배한 보리로 맥아를 만드는 공정까지 직접 해내는 것이 당면 과제다.

맥주 양조의 원천은 균과 맥아의 생명력이라고 이해하니 맥아의 생명력을 살릴 방법과 도구를 찾으면 앞으로 가야 할 길도 찾을 것이다. 어쩌면 생산성을 높이기 위한 자동 양조조보다 맥아 공장을 먼저 만들 수도 있다.

다루마리에서는 기계 도입과 기술 향상으로 원료 조달부터 식품 가공에 이르는 전 과정을 지역 내에서 완결하는 시스템을 '무에서 유를 낳는 시스템'이라고 한다. 발효를 일으키는 균은 모두 공기 중에서 채취하고, 균이 원하는 물은 이 땅을 흐르는 청정한 지하수다. 우리는 빵에 버터, 달걀, 설탕을 쓰지 않으니 땅에 밀을 뿌리기만 하면 빵이 만들어지는 그야말로 '무에서 유를 낳는 시스템'을 완성하는 중이다 (소금은 사서 쓴다). 그러니까 재해나 분쟁만 일어나지 않으면 우리는 빵을 계속 만들 수 있다.

그러나 서두르면 안 된다. 그저 이 지역 것을 쓰기만 하면 되는 문제가 아니다. 물은 낮은 곳으로 흐르는 법이니 이 지역을 위해 생각하고 움직였어도 우리도 모르는 사이에 결과의 수준이 낮아질 수 있다. 그러니 먼저 최고 수준을 알고 천천히 만들어야 한다. 우리 생각에 공감하는 농가와 함께 언젠가 최고의 지역 재료를 써서 그 재료의 생명력을 최대한 살린 가공품을 만들고 싶다. 그런 생산 활동이야말로 지역을 살리는 길이다.

'무에서 유를 낳는 시스템'은 아직 진화하고 있고, 다루마리는 가능한 한 이 땅에서 얻은 농산물을 이용해 직접 손으로 만든다. 카페에서 제공하는 피자 소스는 인근에서 자연 재배한 토마토를 조려서 만든다. 두유 마요네즈도 수제품이다. 커피는 우간다산 무비료·무농약 원두를 직접 로스팅한다. 진저에일 등의 음료도 차츰 수제로 바꾸고 있다.

자연 재배한 레몬과 스오오시마(야마구치현 남동부에 있는 섬. 특산품으로 벌꿀이 유명하다 – 옮긴이)산 꿀로 허니레몬시럽을 만들고, 자연 재배한 생강과 유기농 설탕으로 시럽을 만들며, 탄산수도 나기의 지하수를 쓰는 수제품이다. 일부 주스는 기성 제품을 사서 쓰지만 앞으로 전부 수제로 바꿀 생각이다. 치즈와 조미료도 모두 직접 만들고 싶지만 거기까지는 어려울 듯싶다.

제빵은 자가 제분 밀가루 사용률을 100%에 가깝게 끌어올리면 시스템이 완성된다. 맥주는 직접 맥아를 만든 뒤 맥아를 킬닝(kilning, 맥아를 건조하는 과정. 보리 발아의 진행을 멈추고 효소 활성을 막는다 - 옮긴이)하는 기술을 연마해 시스템을 완성할 생각이다. 모든 시스템이 완성되면 어떤 광경이 펼쳐질지 생각만 해도 기대된다.

'무슨 일이 있어도 최고 제품을 만들겠다!'는 의욕 하나로 여기까지 왔다. 그 과정에서 원천에 대한 이해를 바탕으로 기계화를 추진했기에 불필요한 힘을 뺄 수 있었고, 이상만 좇던 과거를 버리고 현실로 눈을 돌릴 수 있었다. 이상을 추구하는 데는 기술력과 기계화가 필요하며 그것을 이루려면 그에 걸맞은 경제 규모를 만들어야 한다. 지난 몇 년 사이에 생각은 여기에 이르렀다.

자본주의 사회에서 독립하기 위한 무기는 기계와 기술이라고 확신하게 된 것이다. '무에서 유를 낳는 시스템'이 하나하나 완성될 때마다 미래에 대한 불안감은 조금씩 사라질 것이다.

참고자료

• 나카무라 오사무中村修, 《스즈키 다케오鈴木猛夫의 저서《'미국 밀 전략'과 일본인의 식생활》》, 농림수산도서자료 월보, 2003년 7월
  http://www.junkan.org/main/katsudo2/kyusyoku/americakomugi0307.txt

다루마리의
새로운 도전

여러분, 이 책을 읽어주셔서 감사합니다. 다루마리의 안주인 마리
코입니다. 앞서 남편 와타나베 이타루가 쓴 본문에서도 '마리'라는 호
칭으로 종종 등장했지요. 에필로그에서는 우리 가족과 다루마리의 근
황을 소개하겠습니다.

"뭐, 여기서는 먹고사는 건 문제없을 거야. 무슨 짓을 해도 굶어 죽
지는 않아. 쌀은 얻을 수 있고 강에 가면 물고기도 있으니까."
　지즈초로 이전하기로 마음먹었을 때 후쿠야스 겐福安健 씨가 이렇게
말해준 덕에 저는 한시름 놓을 수 있었습니다. 그때까지 몇몇 지역에
서 시골살이한 경험이 있었지만 그때마다 지역 주민들께 "시골살이
도 만만치 않다. 연금이며 세금이며……, 현금 수입이 있어야 하니까
절대 쉽게 보면 안 된다"라는 말씀을 많이 들었기 때문입니다. 그런데
지즈초에서 나고 자라서 지금까지 살고 있는 겐 씨가 그리 말씀하시

니 '아, 이 마을은 정말 넉넉한 곳이구나!'라는 생각이 들어 얼마나 반가웠는지 모릅니다.

2014년 가을, 다루마리를 지즈초의 나기 보육원 자리로 이전하기로 했습니다. 그런데 가장 가까운 일본철도JR 인비선因美線[돗토리현 돗토리시의 돗토리역부터 오카야마현 쓰야마시 히가시쓰야마역에 이르는 서일본 여객철도의 철도 노선(지방 교통선) - 옮긴이] 나기역에는 한 시간에 한 번도 열차가 통과하지 않았습니다. 주위에 상점도 없고, 맥주를 만든다 한들 고객이 차를 몰고 오면 마실 수도 없는 곳……. 일본에서 가장 인구가 적은 돗토리현 안에서도 구석진 산골이었습니다.

'그래도 간사이에서 차로 두세 시간이면 올 수 있으니 제품만 잘 만들면 분명 찾아오는 사람이 있을 거야!'

이렇게 자신을 다독였지만 이전해서 잘될지 어떨지 불안감까지 떨칠 수는 없었습니다. 그런 저희를 후쿠야스 겐 씨는 언제나 살뜰히 챙겨주었습니다. 겐 씨는 당시 나기 지구의 주민자치조직인 이자나기 진흥협의회에서 일했는데 그 사무실이 보육원 자리 옆 나기초등학교 자리에 있었습니다. 우리가 보육원 건물을 가게로 꾸며서 빵과 맥주를 만들고 싶어 한다는 이야기를 들은 직후《시골빵집》을 읽었고, 그때부터 오늘날까지 전폭적으로 응원하고 있지요.

"모코, 히카루! 어머니 일하시는데 방해하면 안 돼요."

겐 씨가 아이들을 데리고 놀아주실 때면 구세주가 따로 없다고 생각했습니다. 전에는 늘 "일만 하지 말고 엄마 역할을 좀 해라. 엄마 역할은 엄마밖에 할 수 없다. 애들 좀 보살펴라"라고 말하는 듯한 세간

의 따가운 시선을 느꼈기 때문인지도 모르겠습니다. 그런데 지즈초에
는 맞벌이를 당연하게 여기는 분위기가 있어서 정말 마음 편하게 지
내고 있습니다.

지즈초에 산 지 벌써 6년이 되었습니다. 그동안 제게는 네 가지 큰
일이 일어났습니다.

히카루가 숲 유치원에
들어갔습니다

제가 애초에 시골에서 살고 싶어 한 건 아이들이 자연 속에서 마음
껏 뛰어노는 환경을 원했기 때문입니다. 저는 어린 시절에 여름방학
만 되면 지바현의 보소 바닷가에서 아버지, 오빠와 미역도 감고 파도
타기도 하면서 놀았습니다. 가을에는 어머니와 함께 신슈 일대의 산
으로 나들이를 했지요. 상쾌한 바다, 아름다운 단풍, 자연이 주는 맛
있는 음식…….

도쿄만 아는 저에게는 자연의 품 안에서 즐겁게 보낸 시간이 비일
상이었지만 내 아이들에게는 일상이었으면 좋겠다는 꿈이 있었습니
다. 하지만 실제로는 빵집 일이 바빠 평일에는 보육원, 주말에는 유튜
브에 아이들을 맡기는 상황이 이어졌습니다.

그러던 2014년 여름, 모코는 벌써 초등학생이었고 히카루가 1년
뒤면 초등학교에 들어가야 하는 시점에 지즈초의 '통나무숲 유치원'

관계자들을 알게 되었습니다. 우리는 곧 지즈초를 직접 방문했고 시간이 지나 인연이 맺어졌습니다. 지즈초에서는 제가 정말 하고 싶었던 시골살이와 육아를 실현할 수 있겠다는 확신이 생겼습니다. 지금도 그 점을 얼마나 감사하게 여기는지 모릅니다.

지즈초의 산골 풍경은 옛날이야기에 등장할 법한 따뜻하고 아름다운 느낌을 줍니다. 그야말로 꿈에 그리던 장소였지요. 내가 결심만 하면 여기서 아이를 키울 수 있다는 사실에 충격에 가까운 감동을 받았던 기억이 지금도 생생합니다. 게다가 통나무숲 유치원은 자연 보육의 장이면서 또 한편으로는 일하는 엄마가 안심하고 아이를 맡길 수 있는 시스템을 갖추고 있었습니다. 그래서 더욱 마음에 들었습니다.

지즈초는 지역의 90%가 삼림입니다. 그러니 통나무숲 유치원 아이들은 숲에서 노는 게 당연합니다. 아이들은 매일 아침 유치원 건물이 아니라 집합 장소에 모여 버스를 타고 자신들이 정한 놀이터로 향합니다. 눈이 많이 내린 날은 눈 장난을 할 수 있는 곳으로, 헤엄을 치고 싶은 날은 냇가로 가지요. 유치원 선생님들은 철저하게 안전을 확보한 상태에서 아이들을 돌봅니다.

도시락은 각자 먹고 싶을 때 자유롭게 먹고 옷이 젖으면 자기 손으로 가방에서 새 옷을 꺼내 갈아입습니다. 금요일에는 아이들이 직접 밥과 된장국을 만듭니다. 된장은 각자의 집된장입니다. 날카로운 도구를 사용하는 법과 불붙이는 법도 배우고, 산나물을 뜯으며 그 이름도 배웁니다. 조금 크면 개인 손도끼와 나이프를 들고 가서 나무를 깎아 칼을 만들어 놀기도 합니다.

그렇게 히카루는 지즈의 숲에서 1년을 보냈습니다. 1년이라는 짧은 기간이었지만 히카루가 숲에서 얻은 체험은 그 아이 인생을 극적으로 변화시켰습니다. 7미터나 되는 나무를 기어오르기도 하고, 산나물을 뜯어와 튀김을 만들어 먹기도 하는 등 히카루가 대자연의 품에서 마음껏 오감을 일깨우고 몸을 움직여 노는 즐거움을 알았다는 사실이 우리 가족에게는 무엇보다 귀하게 다가옵니다.

학교에서 매일 책상에 앉아 생활하는 지금 히카루는 그때보다 몸을 덜 움직이지만, 어린 시절 숲에서 놀았던 감각은 어른이 되어서도 절대 잊지 못할 겁니다. 살면서 순간순간 그때의 추억이 빼꼼히 얼굴을 내밀겠지요. 초등학교 1학년이 된 어느 날 저녁, 히카루는 이런 말을 했습니다.

"내가 행운이라고 생각하는 게 있는데 뭔지 알아요? 우리 가족이 사이좋게 지내는 거, 숲 유치원에 다녔던 거, 그리고 지즈초등학교에 다니는 거예요."

이타루가 맥주 장인이
되었습니다

"마리, 나 오늘부로 제빵 일은 졸업했다."

2017년 11월 18일 저녁 이타루가 한 말입니다. 이런 날이 오리라고는 생각지도 않았기에 깜짝 놀랐습니다. 결혼과 동시에 제빵을 배우겠다고 수련을 시작한 지 15년. 매일 새벽 2~3시에 일어나 빵 공방이라는 '전장'으로 출근하는 긴장의 나날을 보낸 사람이었기 때문입니다. 그런데 지즈초로 이사 와 3년 만에 사카이 신타로와 오타 나오키大田直喜를 중심으로 한 직원들이 이타루가 맥주 장인으로 일할 수 있게 성장했습니다.

이타루가 빵을 만드는 동안 안주인인 저는 내내 무언가와 싸워야 했습니다. 그 무엇이란 이타루가 빵을 만드는 데 필요한 심신의 평온을 방해하는 모든 것입니다. 야생의 균만 이용해 발효시키는 빵, 다루마리만이 만들 수 있는 빵을 완성하느라 애쓴 10년은 적잖이 힘든 시간이었습니다.

그런데 이타루가 제빵 일을 졸업하고부터는 저도 싸울 필요가 없어졌습니다. 믿을 수 없을 만큼 홀가분했지요. 물론 새로운 맥주 양조 일에 뛰어든 이타루가 압박감으로 힘들어했기에 한동안은 옆에 있는 저도 긴장을 늦추지 못했습니다. 그래도 발효 작업의 주기가 짧은 제빵 일보다는 맥주 양조 일이 훨씬 시간 여유가 있어 생활이 많이 달라졌습니다.

서른한 살 때부터 마흔여섯 살이 될 때까지 빵을 만들었고 지금은 젊은 직원에게 일을 물려준 저 남자, 이타루가 맥주 양조로 방향을 틀수 있어 정말 다행이라고 생각합니다. 그 덕에 제 인생에도 커다란 전기가 생겼습니다.

모코는 중학교를
직접 골랐습니다

어느 날 다루마리의 카운터에 앉아 있는데 세일러복을 입은 여학생이 어머니와 함께 가게로 들어왔습니다. 이곳은 시내가 아닌지라 교복 입은 학생의 방문이 드뭅니다. 무척 호감이 가는 인상이라 저도 모르게 말을 걸었습니다.

"어머, 교복이 참 예쁘네요! 어느 학교예요?"

함께 온 어머니가 대답했습니다.

"'세이쇼카이치'라는 학교예요. 중고등학교를 통합 운영하는 사립인데 돗토리현에 있어요."

"세이쇼카이치……."

학교 이름을 메모했습니다. 2017년, 그때 처음 세쇼카이치라는 학교를 알았습니다. 그리고 다음 해 2학기에는 딸아이 모코가 세이쇼카이치 중학교 1학년에 편입했습니다.

2005년 도쿄에서 태어난 모코는 부모의 사업 때문에 지바현에서 구마모토현(한때 피난), 오카야마현을 거쳐 돗토리현으로 이사 다니면서 유치원 때부터 전학을 반복했습니다. 그런 모코가 처음으로 자기 힘으로 생각하고 선택해서 미래를 향해 도전한 것이었습니다.

모코는 여러모로 고민하면서 일단 지즈중학교에 가겠다고 해서 4월에 입학한 상태였습니다. 그러다 얼마 후 세이쇼카이치를 견학해봐야겠다고 했습니다. 그래서 4월 중순에 넷이서 학교를 방문했습니다. 우리 모두 그 학교의 훌륭한 교육 방침과 분위기를 접하고 가슴이 설렐 만큼 좋아했습니다.

모코는 지즈중학교를 다녔기에 7월에 있는 편입 시험을 준비했습니다. 학원은 다니지 않았고 집에서 공부와 프레젠테이션 연습을 했지요.

세이쇼카이치 중학교는 탐구와 소통 능력을 중시하기에 입학시험 때 프레젠테이션 관문을 통과해야 했습니다. 주제는 '당신이 해결하고 싶은 돗토리현의 문제점과 당신만의 해결책'이었습니다. 모코는 '사람들이 자연을 소중히 여기지 않기 때문에 환경이 날로 파괴되는 것 아닐까?' 하는 문제의식 아래 '내가 좋아하는 먹거리와 예술 분야에서 자연의 소중함을 표현하겠다'라는 해결책을 제시했습니다.

모코는 이타루와 제 딸로 태어나 우리 집이 다른 집과 좀 다르다고 느끼며 컸을 겁니다. 이사도 많이 다녔고, 첨가물이 들어간 과자는 입에 대지도 못했으며 도시락은 소박한 데다 부모는 주말에도 일하느라 바빴습니다. 집에는 텔레비전도 없었고요. 그런 것들이 무척 싫었을 테지만 결국 모코는 그 모든 것을 자기 저력으로 바꾸었습니다.

여러 지역에 살아봐서 도시와 시골의 좋은 점과 나쁜 점을 알고, 요리 실력을 갈고닦아 자신이 원하는 화려한 도시락을 직접 만들 줄도 알지요. 자연식을 해온 덕에 미각이 예민해져서 정크푸드를 맛있다고 느끼지는 않는 것 같습니다. 또 텔레비전을 보지 않는 대신 만화와 책으로 상상력을 키워 자기만의 사고를 할 줄도 압니다.

모코는 그런 13년의 경험을 프레젠테이션에 충분히 살려 결실을 이루었습니다. 부모가 다루마리에서 어떤 일을 해왔고, 어쩌다 지즈초까지 오게 되었는지, 야생의 균을 이용한 발효에서 지즈초의 귀한 삼림과 깨끗한 물, 공기가 얼마나 큰 역할을 하는지, 그런 자연을 지키는 것이 얼마나 중요한지를 알았으니 그 소중함을 자신이 장래에 하게 될 먹거리와 예술 일에서 표현하겠다고 발표했지요. 프레젠테이션에 합격하고 나니 모코는 물론 저와 이타루까지도 이제껏 겪은 모든 일에 대한 긍정의 답을 받은 것 같아 진심으로 기뻤습니다.

솔직히 저는 엄마로서 부모 때문에 아이가 이리저리 변하는 환경에 치이고, 상처받고, 결핍을 느끼면 어쩌나 하는 불안감을 안고 살았습니다. 나는 평범한 직장인의 딸로 태어나 주말과 방학이면 가족과 함께 시간을 보냈는데, 내 가정은 장사를 하다 보니 주말과 방학이 제일 바빠 아이들을 보살피지 못하는 상황이 늘 미안했습니다. 특히 서일본으로 이사 오고부터는 할아버지, 할머니를 만날 기회도 적어져 아이들을 외롭게 만드는 것이 여간 신경 쓰이지 않았습니다.

그런 제게 모코는 보란 듯이 저와는 확연히 다른 개성과 재능을 키웠습니다. 모코는 제 딸이지만 함께 인생을 살아온 동지이자 친구이기도 합니다. 입시 전날, 모코가 말했습니다.

"사람들이 나만 보면 힘든 일이 많았겠다고 하는데 나는 별로 힘든 거 없었어."

그때 본 그 아이의 미소를 저는 오래오래 잊지 못할 겁니다.

뜻이 맞는 동료들이
모였습니다

이렇게 이타루가 빵 장인에서 맥주 장인으로 방향을 틀고, 새끼 곰을 지키는 어미 곰의 긴장감이 풀리자 어미 곰은 크게 당황했습니다. 친구에게 속내를 털어놨더니 '하루 몇 분이라도 좋으니 자신을 위한 시간을 만들어보라'는 조언이 돌아왔습니다. 하지만 나 자신을 위한 시간이 뭔지, 내가 하고 싶은 건 또 뭔지 도무지 떠오르지 않았습니다.

늘 가족을 지키고 다루마리를 키우는 데만 필사적으로 매달렸지, 그런 단순한 것들은 생각해본 적이 없었기에 제게는 어렵기만 했습니다. 고민 끝에 한때는 다루마리 일을 그만둘 생각까지 했지만 역시 제가 있을 곳은 다루마리임을 새삼 깨달으며 지금은 안주인으로서 이렇게 편안히 가게를 꾸리고 있습니다. 자기 길을 개척하는 모코를 보면서 자신감을 얻었습니다. 저를 편안한 안주인으로 만들어준 모코에게 고마운 마음이 큽니다.

제가 이렇게 변화하기 시작한 건 2019년 초부터입니다. 어느 날, 지즈초사무소 기획과 주최로 알렉스 커(Alex Arthur Kerr)라는 동양 문화 연구자의 강연회가 열려 일본의 경관 문제에 관한 이야기를 듣게 되었습니다. 일본 고유의 문화, 경관 그리고 전통 가옥에 애정을 쏟으며 40년 이상 보전 활동을 이어온 알렉스 씨의 솔직한 이야기를 듣고 저는 귀가 번쩍 뜨였습니다.

사실 제가 지즈초에 와서 산 4년여 동안에도 아름다운 풍경은 조금씩 변했습니다. 특히 현이나 중앙정부의 공공 건축 사업은 지역 주민에게 충분한 설명도 없이 어느새 벌어지곤 했습니다. 콘크리트를 바른 허연 구조물이 강과 산의 경관과 생태계를 크게 바꾸는 광경을 볼 때마다 속이 상했지요. 알렉스 씨에게 그 이야기를 했더니 이런 대답을 해주었습니다.

"그 심정 이해합니다. 저도 일본에 와서 그런 모습을 보면 마음이 아팠습니다. 주민들이 목소리를 내야 합니다. 침묵하면 상황은 바뀌지 않습니다."

강연회는 지즈슈쿠에 있는 이시타니 가옥(에도시대 돗토리현 최대 역참 마을이었던 지즈슈쿠에 남아 있는 고택. 당시 최고 부호였던 이시타니 가문의 저택이었다. 방이 40개나 되며 현재는 국가 지정 문화재로 관리되고 있다-옮긴이) 봉당에서 열렸습니다. 국가 지정 문화재인 이시타니 가옥은 대규모 목조 가옥으로 임업이 번성했던 지즈초를 상징하는 고택입니다. 2001년 일반에 공개된 이후로는 관광 명소로도 알려졌지요.

그런데 이 강연회에서 관광객의 체류 시간이 짧은 점이 지즈초 관광의 과제로 지적되었습니다. 관광객들은 버스에서 내려 이시타니 가옥을 견학하고 지즈슈쿠를 산책한 뒤 그대로 버스를 타고 돌아갔습니다. 달랑 몇 시간 머무는 정도로는 경제적 효과를 낳기 어려운 실정이었지요. 저도 지즈초에서 다루마리를 운영한 4년 동안 고객의 반응으로 여러 문제를 짐작하고는 있었지만, 그날 알렉스 씨 강연을 계기로 제 안의 문제의식을 명확히 정리할 수 있었습니다.

저는 다루마리의 사업은 숲이 울창하고 물과 공기가 깨끗한 지즈초이기에 가능하다고 생각해왔습니다. 그래서 '빵과 맥주를 만들면 만들수록 지역 사회와 환경이 좋아지는 환경 보전형 지역 내 순환'을 목표로 우선은 다루마리라는 사업체를 탄탄하게 만드는 데 역점을 두었습니다.

야생의 균을 이용한 발효는 자연 재배한 농산물을 이용할 때 잘 일어납니다. 이 지역에 자연 재배가 뿌리내리면 비료나 농약에 의한 오염이 줄어들고, 생태계가 보전되며, 나아가 발효 환경이 좋아져 야생 누룩균도 채취하기 쉬워지겠지요.

그런데 아무리 다루마리가 애를 써도 한편에서는 공공 건축 사업과 농약 살포가 계속 일어났습니다. 선순환을 일으키려면 지역 사회와 연계가 필수였습니다. 또 다루마리에서 일하는 직원을 비롯해 젊은이들이 정착하려면 이 지역이 생기 있고 매력적이어야 하며 뜻을 같이하는 동료가 필요하다는 사실을 절감했습니다.

바로 그즈음에 이시타니 가옥에서 걸어서 갈 수 있는 곳에 고택을 리모델링한 카페 겸 게스트하우스 '다노시'가 문을 열었습니다. 지즈초에 음식점은 몇몇 있었지만 밤에도 문을 열어 외지 사람들도 맘 편하게 술을 마시러 갈 수 있는 곳은 없었기에 상당히 획기적인 사건이었습니다.

알렉스 씨 강연회가 있은 지 몇 주 뒤 다노시에서 '여성 모임'이 열렸습니다. 지즈초에는 20~40대 여성이 십수 명 사는데 이들이 모여 술도 마시고 이야기도 나누는 자리가 생긴 것이었습니다. 한데 모이니 어찌나 즐겁던지요! 생각해보니 전에는 지역 내 술자리라고 해봐야 남성 중심 주민자치조직의 모임이 대부분이었기에 여성들이 자유롭게 모여 한잔할 기회가 전혀 없었지 뭡니까.

참고로 다노시의 주인인 다케우치 마키竹內麻紀 씨, 다케우치 나리토竹內成人 씨 부부는 지즈초에서 나고 자란 이 지역 토박이입니다. 그런 이들이 운영하는 다노시의 카페에서는 지역 내 중년 남성부터 이주자 가족까지 폭넓은 고객층이 절묘하게 섞여 조화를 이룹니다. 부부의 인품이 그런 편안한 자리를 만들어내는 것을 보면 절로 감탄이 나옵니다.

교류의 장이 생긴다는 것은 참 대단한 일입니다. 다노시가 생기고 여성들의 모임이 만들어지니 지즈초에 사는 4년 동안 서로 얼굴만 알고 대화하지 못했던 이들과도 터놓고 지내게 되었습니다.

저를 포함해 이 여성 모임에는 사업 경영자가 네 명 있습니다. 우리는 '열심히 해서 본격적으로 무언가를 저질러보자!'며 의기투합했고, 뜨거운 열의를 불태우며 그 후로도 여러 차례 모임을 했습니다. 그로부터 2년, 지금은 가족처럼 지내는 제 동료 세 사람을 소개할까 합니다.

첫 번째는 앞서 소개한 다케우치 마키 씨. 부부가 건설업을 하는데 지즈초에 여러 사람이 모일 장소를 만들고 싶어 다노시 개업이라는 새로운 도전장을 던진 인물입니다.

두 번째는 설계사무소 '플러스 카사'를 운영하는 고바야시 리카小林利佳 씨. 친정은 교토인데 지즈초 출신인 남편 가즈오和生 씨와 결혼해 이곳에 살고 있지요. 부부가 둘 다 1급 건축사로 신축뿐 아니라 낡은 건물의 개보수까지 맡고 있습니다. 다노시를 설계해 제11회 일본건축가협회JIA 주고쿠 건축대상 2019의 일반 건축 부문에서 특별상을 받은 인물입니다.

세 번째는 요코하마시와 지즈초 두 곳을 오가며 일과 삶을 꾸리는 무라오 도모코村尾朋子 씨. 그는 요코하마시에서 웹 제작 회사 '내일의 주식회사'를 운영 중인데, 2019년에는 지즈초에 있는 친정집을 리모델링해 독채 게스트하우스 '내일의 집'을 열었습니다. '내일의 집'은 시골 고택 특유의 넓은 공간이 돋보이는 편안하고 여유 있는 공간입니다.

이들과 가까이 지내며 술자리도 자주 하는 것을 보고 모코가 이런 말을 했습니다.

"엄마, 요즘 좋아 보여요. 전에는 가족이랑 다루마리를 위해서만 사는 것 같았는데 친구도 생기고 많이 변하셨는데요."

그랬습니다. '친구가 없어도 어쩔 수 없다. 가족만 있으면 되지'라고 생각하면서 늘 외지 사람이라는 소외감을 느꼈는데 동료가 생기니 역시 모든 게 달라지는 걸 느낍니다. 우리는 비슷한 문제의식을 느껴서 무슨 일이든 속도감 있게 진행할 수 있었습니다.

2020년 봄, 우리 넷은 '지즈 겨우살이 협의회'라는 지역 단체를 만들었습니다. 지즈슈쿠의 빈집을 리모델링해 카페와 숙박 시설을 만드는 계획을 실행하는 모임입니다. 그 결과물이 바로 이타루가 5부에서 소개한 '지즈슈쿠의 새 카페'입니다. 카페는 다루마리가 운영하기로 했습니다.

지즈 겨우살이 협의회의
지향점

그럼 이번에는 '지즈 겨우살이 협의회'가 구체적으로 어떤 일을 하려는지 소개하겠습니다. 카페로 쓸 빈집을 리모델링하기에 앞서 우리는 '지즈초 지원 사업 보조금'을 신청해 지즈초사무소의 지원을 받았습니다. 그 신청 서류에 우리의 이념과 계획을 다음과 같이 기재했는데, 여러분도 이 같은 사업을 하실 때 참고할 수 있도록 요약해서 올립니다.

지즈 겨우살이 협의회의 '마을 객사(마치야도)' 구축 사업

우리 협의회는 '누룩이 앉는 마을'을 콘셉트로 삼아 지즈초의 풍요로운 자연·문화 자원의 가치를 보전하면서 여러 활동을 펼침으로써 도시 일극 중심이 아닌 '분산형 사회'를 형성하려 한다. 그 방법으로 지즈슈쿠에 마을 객사를 구축해 '지역 자원 활용형, 장기 체류형 관광'을 실현한다.

지즈초의 사회적 과제인 고령화, 인구 감소, 산업 쇠퇴, 빈집 문제 등을 해결하려면 각개 방식이 아닌 종합적 노력이 필요하다. 특히 앞으로도 늘어날 빈집은 위생 환경·경관, 치안 악화, 붕괴 위험 등 다양한 문제를 초래할 수 있으므로 대책 마련이 시급하다.

우리 협의회는 이 문제들을 해결할 방법으로 여행자가 여유로운 마음으로 마치 이곳에 거주하듯 체류할 수 있는 마을 객사를 구축하려 한다. 최근 '알베르고 디푸소Albergo Diffuso('분산 호텔, 흩어진 호텔'을 뜻하는 이탈리아어로 1990년대에 등장한 이탈리아의 관광호텔 비즈니스 모델. 버려진 마을의 다양한 건물을 그대로 호텔로 사용하는 것이 특징이다 – 옮긴이)'나 마치야도 같은 관광 상품, 지역 부흥 방식이 주목받고 있다. 일본 마치야도 협회에 따르면 '마치야도'는 지역 사회를 하나의 숙소로 보고 숙박 시설과 지역 사회의 일상을 연결해 지역 사회 차원에서 숙박객을 대접함으로써 지역 사회의 가치를 향상하는 사업이다.

우리 협의회는 그 첫걸음으로 지즈슈쿠의 빈집을 리모델링해 마을 객사의 중심 기능을 담당할 리셉션, 카페, 식료 잡화점, 주방이 딸린 독채, 객실이 있는 시설을 만들고자 한다. 과거 역참 마을로 번성했던 지즈슈쿠는 이시타니 가옥 등 관광 자원이 풍부하고, 역 주변 상점까지도 걸어서 갈 수 있어 불편 없이 장기간 체류할 수 있는 지역이다.

또 여행자가 더 쾌적하고 넉넉하게 체류할 수 있도록 의식주, 교통, 체험, 교류 등 다양한 지역 정보를 발신할 예정이다. 여행자의 체류 시간이 늘어나면 마을 주민과의 교류가 생길 것이다. 지즈초에서 나고 자란 주민에게 마을의 풍부한 자연, 문화 자원은 당연한 것으로 인식되기 쉽다. 그러나 '콘셉트 있는 마을 만들기'에 공감한 여행자들이 그 매력을 주민에게 다시 깨우쳐주는 기회가 늘어나면 그러한 자원을 '자랑스러운 것', '지켜야 하는 것'으로 재인식할 수 있다. 그 결과, 이번에는 주민이 주체가 되어 더 나은 지역 사회를 만들 가능성이 커질 것이다. 젊은 세대가 희망을 품는 지역 사회를 창출할 수 있다면 인구 유출도 막을 수 있다.

리모델링할 빈집 옆은 에도시대 관문 자리로 당시 하급 경찰이 간선 도로 경비를 서는 시설이었다고 한다. 그런 연유로 현재 빈집 지하가 당시 감옥 자리라는 설도 있다. 이 같은 역사적 배경이 있는 빈집을 재이용함으로써 다음 세대에게도 스토리를 이어가고 지역민이 새로이 마을에 애착을 느끼는 계기로 삼기를 바란다.

나아가 우리 협의회는 사업 과정에서 빈집 활용 노하우를 축적해 이주 또는 창업을 위해 빈집을 활용하고 싶어 하는 이를 대상으로 그들의 니즈에 적극적으로 부응하는 제안과 서비스를 신속히 제공하는 시스템을 구축하려고 한다.

코로나19로 기존의 가치관이 크게 흔들리고 있다. 새로운 여행 스타일로 독채, 풀 빌라형 숙소에 대한 수요가 늘 것으로 기대된다. 동시에 일극 집중으로 인한 초과밀 상태의 도시 생활에서 벗어나기 위해 지방에 거점을 두고 활동하는 이들도 늘어날 것으로 예상된다. 이 같은 수요를 흡수할 수 있는 지역을 목표로 이 사업을 시작하는 의의는 크다고 본다.

인구 감소 시대에 들어선 지금, 참된 의미의 풍요롭고 성숙한 삶이 무엇인지 제안할 필요성이 커지고 있다. 이런 때일수록 아름다운 자연이 남아 있는 지즈초만의 넉넉한 삶을 많은 이가 누릴 수 있도록 시스템을 정비해야 한다고 본다.

지즈초
추천 투어

'장기 체류'라는 딱딱한 말을 쓰지 않아도 저 같은 먹보는 당일치기 여행으로는 지즈초 주변의 맛있는 먹거리를 다 맛볼 수 없습니다. 그래서 저는 최소 1박, 가능하면 2박 이상은 하시기를 강력히 추천합니다.

여하튼 여러분도 꼭 한번 가보시기를 추천하는 곳은 '미타키엔'이라는 식당입니다. 지즈초 아시즈 지구, 지즈역에서 동쪽으로 차로 20분을 달려 산길을 후르르 올라 만나는 미타키엔은 지즈초의 매력을 오감으로 맛볼 수 있는 산채요리 전문점입니다.

2020년까지 지즈초의 수장을 다섯 번이나 연임한 데라타니 세이이치로 씨가 1971년 산속에 오래된 초가집을 옮겨서 개업한 곳입니다. 지금이야 오래된 건물의 개·보수가 가치를 인정받지만 50년 전에 그런 작업을 했다니 선견지명에 고개가 절로 숙여집니다. 그 뛰어난 감각과 호쾌한 성품은 지즈초의 대표자로 일할 때도 유감없이 발휘되었습니다. '진짜'를 귀하게 여기는 이분 덕에 우리 다루마리도 지즈초로 이전할 수 있었지요.

산채요리는 워낙 손이 많이 갑니다. 그런데 미타키엔에서는 두부, 된장, 장아찌를 모두 직접 만들고 콩가루 하나도 절구를 이용해 수작업으로 준비한답니다. 화학조미료를 일절 쓰지 않고 자연 그대로의 맛을 살리는 솜씨가 일품입니다.

게다가 그 손맛을 숲속에서 즐길 수 있으니 음식을 즐기는 정취가 이보다 더 좋을 수 없습니다! 짙은 녹음, 청량한 공기, 지저귀는 새소리⋯⋯. 숲의 맛을 통째로 입안에서 느낄 수 있어 국내외 방문객이 끊이지 않는 곳이랍니다. 갈 때마다 '지즈초의 자연을 이리도 감각 있게 표현할 수 있다니 정말 대단하구나!' 하는 생각을 하게 됩니다.

미타키엔은 오랫동안 세이이치로 씨의 부인 세쓰코節子 씨가 안주인 역할을 맡아 꾸려왔습니다. 안주인이 고객 한 사람, 한 사람에게 따뜻하게 말을 걸며 맞아주기에 '안주인 보러 미타키엔에 간다'는 팬도 많답니다. 지금은 따님인 아키코亜希子 씨가 작은 안주인으로서 전통 기술을 잇고 있습니다.

미타키엔에서 심신을 가득 채워주는 점심을 먹고 나면 꼭 하룻밤을 더 묵고 다음 날에는 요리 전문 료칸인 하야시신칸林新館에서 느긋하게 교토풍 요리를 즐기시기 바랍니다. 전통 다실 느낌의 객실, 산뜻하게 손질한 아름다운 정원을 바라보며 재료의 참맛을 살려 고급스럽게 조리한 돗토리현의 산해진미를 즐기실 수 있습니다.

지즈초에서 차로 한 시간 정도만 더 가면 오카야마현 쓰야마시에는 세상에 다시없는 이탈리안 레스토랑 '리스토란테 시엘로Ristorante CIELO'가 있습니다. 돗토리현 이와미초의 카레집 '니지노키ニジノキ'와 아름다운 바다 풍경을 만끽할 수 있는 이탈리안 레스토랑 '알마레AL MARE'로도 여러분을 안내하고 싶네요. 시간과 위장 사정만 허락한다면 그 맛있는 먹거리를 다 드셔보셨으면 좋겠는데 말입니다.

물론 다루마리의 카페에서도 갓 구운 피자와 멧돼지 고기 햄버거,

야생 효모 맥주를 드시면 더없이 감사하겠습니다. 나기에 있는 빵, 맥주 공방과 카페 외에 2021년 여름부터는 지즈슈쿠에서 카페 겸 숙박 시설인 '겨우살이의 집'도 문을 엽니다. 이제 지즈역에서 도보로 움직일 수 있는 곳에서 다루마리의 맥주를 맛보게 되는 것입니다.

겨우살이의 집에는 주방도 딸려 있어서 인근에서 구한 신선한 농산물과 육류, 어패류 등을 직접 조리해서 드실 수 있습니다. 이때도 다루마리의 맥주를 잊지 마세요.

새 카페는 지즈초 주변에서 추천하는 음식점과 상점, 온천, 산책 코스, 자연 체험 프로그램 등을 안내하는 가이드 기능도 할 생각입니다.

'지즈초 여행 정보는 지즈슈쿠의 다루마리 카페에서!'

새 카페는 바로 그런 장소가 되었으면 좋겠습니다.

환경 보전형 지역 내
순환을 목표로

지즈초에는 음식점 이외 분야에도 환경 보전형 지역 내 순환을 목표로 하는 분들이 계십니다. 1부 2장에 등장한 오타니 구니히로 씨는 지속 가능한 '자가벌채형 임업(채산성과 환경 보전을 양립하는 지속 가능한 임업 경영 기법 - 옮긴이)'을 실천하는 사쓰키야 皐月屋라는 회사를 경영합니다.

또 농산물과 관련해서는 저희가 지즈초로 이전하고 얼마 되지 않

왔을 무렵, 지즈초사무소에 지역 내 순환을 실현하고 싶다는 생각과 '인근 농가가 자연 재배한 원료를 공급할 수 있으면 그 물건을 사겠다'는 희망 사항을 밝힌 적이 있습니다. 그랬더니 사무소 산촌재생과에서 당장 자연 재배 보급 활동을 시작해주더군요. 그 덕에 지금은 몇몇 농가가 자연 재배에 힘을 쏟고 있습니다. 주종용 쌀은 후지와라 야스오藤原康生 씨, 피자 소스용 토마토는 다케시타 이쓰오竹下逸雄 씨, 단팥빵용 팥과 빵용 호밀은 자연 재배 단체인 '소라미즈치そらみずち'가 생산하셔서 다루마리가 전량 구매하고 있답니다.

다루마리가 구매하는 모든 농산물이 자연 재배품이 되려면 갈 길이 멀지만 계속 노력 중이랍니다. 작년부터는 여성 농부 그룹 '료사이카이良采會'로부터도 농산물을 구입하고 있습니다. 여러 지역의 농가와 거래하면서 조금씩 저희 생각을 알려 그들의 재배 방법에 자연 재배법이 반영되기를 바라는 마음입니다.

정육 부문에서는 2018년 이 지역에 사슴고기를 주로 다루는 수렵육 해체 시설 '지즈 디어즈Deer's'가 생겼습니다. 그래서 전에는 햄버거에 넣을 멧돼지 고기를 인근 와카사초에서 사왔는데 이제는 바로 이웃에서 조달할 수 있게 되었습니다.

그 밖에 저희에게 지즈초를 알게 해준 '통나무숲 유치원'도 지속 가능성의 실현에 열의를 쏟고 있습니다. 통나무숲 유치원은 삼림의 다면적 기능을 활용한 교육을 실천하는데 대표 니시무라 사에코西村早栄子 씨는 유아 교육에 힘쓸 뿐 아니라 '요람에서 무덤까지 지즈초에서 멋지게 살았으면 좋겠다'는 생각을 하는 분입니다. 그래서 2020년에는 '자연 속 출산'을 내걸고 '지즈 산모와 아기 지원센터 생명의 뿌리'를 설립했습니다(대표는 조산사 오카노 마키요岡野眞規代 씨). 녹음이 가득한 환경에서 산부인과 의사와 조산사의 도움을 받아 아이를 낳을 수 있다면 산모와 남편, 아기에게 멋진 선물이 되지 않을까요?

목욕탕과
숙박 사업까지

고객 중에는 '다루마리에서 맥주를 마시고 근처에서 하룻밤 자고 오면 좋을 텐데……'라고 말씀하시는 분이 많습니다. 그런 요청에 부응하고 싶어 지즈슈쿠에 새로 카페 겸 숙박 시설을 꾸미고 있지요. 그런데 이와 동시에 나기에서도 새 프로젝트를 추진하고 있습니다.

다루마리 바로 옆 나기초등학교 자리를 리모델링해서 장작 보일러 목욕탕과 숙박 시설을 짓는 일입니다. 이는 나기초등학교 부지를 거점으로 활동해온 나기 지구 주민자치조직인 이자나기진흥협의회가 주도하는 프로젝트입니다. 컨설턴트와 설계는 오카야마현 니시아와 쿠라손에 있는 '요비ようび'가 맡습니다.

나기초등학교 부지는 초 소유로 지즈초사무소는 폐교의 활용 방안에 관해 각 지구 주민자치조직이 좋은 안을 내면 예산을 지원하겠다고 밝힌 바 있습니다. 그래서 이자나기진흥협의는 나기초등학교를 리모델링해서 지역 주민의 회합 공간과 자치 조직 유지를 위한 수익성

공간을 동시에 꾸미겠다는 아이디어를 냈던 것입니다. 물론 초의 승인을 얻었지요.

이 목욕탕 겸 숙박 시설의 경영은 '나기의 바람'이라는 법인이 맡습니다. 나기 지구의 청년 경영자 세 명이 주축이 되어 설립한 법인입니다(청년이라 하지만 실제 연령대는 30~40대). 이 세 명은 1부 2장에 등장한 단바라 설비의 단바라 다카시 씨와 사쓰키야의 오타니 구니히로 씨 그리고 저 와타나베 마리코입니다.

이렇게 최근 들어 우리 동네는 다양한 사업을 연달아 출범시키고 있습니다. 그 속에서 제가 이렇게나 많은 활동을 하게 되다니 저 자신도 놀라울 정도랍니다. 저는 올해 마흔셋이 되었습니다. '이 많은 일을 할 수 있으려나?' 하는 걱정이 앞서기도 하지만, 또 한편으로는 '어떻게든 되겠지' 하는 배짱도 생겼습니다. 아마도 동료들에게서 엄청난 에너지를 얻기 때문인 것 같습니다.

이타루와 나와
동료들의 도전

'15,562 → 32.'

무슨 숫자인지 궁금하시지요? 정답은 인구 밀도(명/km², 2015년)입니다. 2015년 시점에 제 고향 '도쿄도 세타가야구'의 인구 밀도가 15,562명/km²를 기록했을 때 거주지 '돗토리현 지즈초'의 인구 밀도

5부 다루마리 빵의 원천을 찾아서

는 32명/km²였다는 말입니다.

도쿄가 비정상적인 인구 과밀 도시라는 데 새삼 놀랐습니다. 과소 지역이라 불리는 지즈초에서 생업을 영위하는 데 매력을 느끼는 건 아마 도쿄와 너무나도 다른 곳이기 때문일 겁니다. 지즈슈쿠 부근의 집에서 지즈역까지 산책할 때도 사람이 거의 눈에 띄지 않습니다. 다소 쓸쓸하게 느껴질 때도 있지만 사회적 거리만큼은 확실히 유지됩니다.

지바현에 살 때부터 알고 지낸 힙합 그룹 스차다라파スチャダラパー의 보스Bose 씨는 부모님 댁이 오카야마현이라서 다루마리에 가끔 들르는데 한번은 이런 말을 했습니다.

"지금 사는 가마쿠라는 어딜 가나 사람이 북적여요. 식당에 가면 다 기다려야 하고요. 그런데 여긴 사람이 없어 깜짝 놀랐어요! 이런 카페가 가마쿠라에 있으면 온종일 바글바글할 걸요. 그런데 이렇게 한산하다니……. 이게 무슨 일이냐고요."

그러고 보니 모코가 어렸을 때 도쿄에서 난생처음 만원 전철을 타고는 무서웠는지 울음을 터뜨린 적이 있었습니다. 제게는 일상이어서 예상도 하지 못한 일이었지요. 가만히 생각해보면 시골서 자란 모코에게는 그렇게 좁은 공간에 사람들이 꽉꽉 들어차 있는 광경이 너무 이상했을 것 같습니다.

하기는 저도 그렇습니다. 볕이 좋은 날 아침, 아무도 없는 다루마리의 널찍한 정원 우드데크에서 카페라테를 마실 때면 이런 생각이 절로 듭니다.

'아! 지금쯤 도쿄 사람들은 만원 전철을 타고 출근을 서두르겠지. 이 과소와 그 과밀의 대비는 정말…….'

그러다 곧 너른 숲과 강을 느끼며 푸른 하늘을 올려다보면 '아, 좋다!' 소리가 절로 나오지요. 맛있는 공기를 가슴 터지도록 들이마실 수 있는 이곳에 살아서 마음이 놓입니다.

지즈초에서는 햇빛, 물, 흙, 초목 같은 자연의 선물이 늘 삶의 바탕을 이룹니다. 이웃과의 인간적 관계는 덤으로 얻을 수 있고요. 예부터 내려오는 삶의 기술도 아직은 간신히 남아 있습니다.

과연 저희는 이 땅에서 환경 보전형 지역 내 순환을 실현하고 참된 의미의 넉넉한 사회를 만들 수 있을까요? 이타루와 저 그리고 동료들의 도전은 이제 막 시작되었습니다. 우리의 도전을 엿보러 지즈초로 꼭 한번 놀러 와주시기를 여러분께 청합니다.

역동적인
생산 활동을 꿈꾸며

책의 완성을 목전에 둔 시점에 우리는 또 한 번 큰 변화를 겪었다. 돌발 상황이 생겨 제빵팀에 일손이 필요해진 탓에 내가 제빵 현장으로 돌아간 것이다. 물론 조력자로서다.

제빵 일을 놓은 지 무려 3년 4개월 만이었다. 게다가 제자가 지휘하는 현장에 투입되는 처지라 긴장의 끈을 놓을 수 없었다. 첫날, 아침 일찍부터 팀장인 사카이 신타로의 지시대로 움직이면서 다루마리 빵 공방의 분위기가 예전과는 사뭇 달라졌음을 느꼈다. 직원들의 동선에 맞춰 기물 위치도 바꾸어놓은지라 나는 작업 내내 허둥댔다.

제분기도 많이 개량되어 사용법을 처음부터 다시 배웠다. '전에 쓰던 기계가 맞나?' 싶을 만큼 제분기는 편리해졌고, 밀가루 질도 좋아져 감동했다.

갈색 밀알을 새하얀 가루로 빻아내고 나면 나는 세상 무엇과도 바꿀 수 없는 안도감을 얻는다. 이 부근에서 밀을 재배할 수 있다면 앞으로도 이 제분기로 밀을 빻아 빵과 우동, 파스타, 만두와 오코노미야키를 만들고 내가 만든 맥주를 마시며 살 수 있을 것이다! 그런 노후를 떠올리면 한없이 행복해진다.

마지막 페이지를 쓰는 2021년 3월은 2011년 동일본 대지진이 일어난 지 꼭 10년이 되는 시점이다. 그리고 '균이 편안하게 활동하는 자리를 만들자'고 결심한 지도 10년 가까이 된다. 현재 우리 가족에게 가장 편안한 자리는 이곳 지즈초다.

나는 남은 인생에서 '역동적인 생산 활동'을 하려고 한다. '역동적'이라는 것은 완성이라는 고착된 목표 지점이 없다는 뜻이다. 야생의 균은 언제나 '모호한 것을 모호한 채로 두는 것이야말로 변화하는 인간다운 문화'임을 가르쳐주었다. 그러니 나는 앞으로도 두려움 없이 도전할 따름이다.

이 미친 도전의 최고 지지자는 뭐니 뭐니 해도 내 가족 마리와 모코, 히카루다. 이 자리를 빌려 늘 지켜봐주시는 양가 부모님(와타나베 도시히코渡邉俊彦, 와타나베 레코渡邉玲子, 소바시마 가오루傍島薫, 소바시마 리에코傍島利恵子)께도 진심으로 감사드린다.

그리고 다루마리라는 편안한 공간을 지탱해주는 직원들(신타로, 나오키, 아카리明香里, 마이真衣, 미호美保, 마오코真生子, 사이미彩未, 쇼타将太), 항상 고맙다.

《시골빵집》을 출간하고 8년이 지났다. 다음 책은 미시마출판사에서 내주면 좋겠다고 마리와 소망했는데 이렇게 실현되어 더욱더 기쁘다. 미시마출판사와 다루마리는 모두 지방에서 꿈을 키우는 작은 사업체다. 주제넘지만 나는 미시마출판사를 동지로 생각하며 항상 자극을 받았다.

미시마三島 씨와 호시노星野 씨는 늘 재미있다고, 있는 그대로 에너지를 살려서 쓰고 싶은 대로 쓰면 된다고 격려해주었다. 그 덕에 이렇게 보잘것없는 인생 이야기를 자유롭게 쓸 수 있었다. 고맙고 또 고맙게 생각한다.

와타나베 이타루

참고문헌 ⋯⋯⋯⋯⋯⋯⋯

- 가와구치만 에미(川ロマーン恵美),《세계 최고의 풍요로운 나라 스위스, 그와 꼭 닮은 나라 일본(世界一豊かなスイスとそっくりな国ニッポン),2016.
- 가지야마 유이치(梶山雄一),《공에 관한 연구(スタディーズ空)》, 2018.
- 고바야시 히로유키(小林広幸),《인생을 결정하는 것은 뇌가 10%, 장이 90%!(人生を決めるのは脳が1割 腸が9割!)》, 2014.
- 고토 도시오(後藤利夫),《당신이 모르는 유산균 파워(あなたの知らない乳酸菌力)》, 2011.
- 기타하라 다카시(北原隆)·노리코시 고시(乗越皓司),《도구의 기원(道具の起源)》, 1986.
- 나카노 노부코(中野信子),《뇌 내 마약(脳内麻薬)》, 2014.
- 나카자와 신이치(中沢新一),《구마구스의 별의 시간(熊楠の星の時間)》, 2016.
  _____,《렘마학(レンマ学)》, 2019.
- 나카하시 메구미(中橋惠)·모리 마유미(森まゆみ),《이탈리아의 작은 마을로(イタリアの小さな村へ)》, 2018.
- 데이비드 몽고메리(David R. Montgomery)·앤 비클레(Anne Biklé),《발밑의 미생물 몸속의 미생물(The Hidden Half of Nature)》, 눌와, 2020.
- 데이비드 펄머터(David Perlmutter)·크리스틴 로버그(Kristin Loberg),《그레인 브레인(Grain Brain)》, 지식너머, 2015.
- 도자와 미쓰노리(戸沢充則),《도구와 인류사(道具と人類史)》, 2012.
- 마에노 다카시(前野隆司),《너는 왜 '마음'을 만들었나(脳はなぜ「心」を作ったのか)》, 2004.
- 모타니 고스케(藻谷浩介)·야마다 게이이치로(山田桂一郎),《관광입국의 정체(観光立国の正体)》, 2016.
- 미쓰오카 도모타리(光岡知足),《장 단련하기(腸を鍛える)》, 2015.
- 빵의 메이지 백년사 간행회(パンの明治百年史刊行会),《빵의 메이지 백년사(パンの明治百年史)》, 1970.
- 세키구치 모리에(関口守衛) 편저,《과학적 증거가 유산균 생산 물질의 비밀을 푼다(科学的エビデンスが乳酸菌生産物質の謎を解く)》, 2012.
- 손원평,《아몬드》, 창비, 2017.
- 스즈키 다케오(鈴木猛夫),《'미국 밀 전략'과 일본인의 식생활(「アメリカ小麦戦略」と日本人の食生活)》, 2003.
- 시부사와 다쓰히코(澁澤龍彦),《쾌락주의 철학(快楽主義の哲学)》, 1996.
- 아라야 다이스케(荒谷大輔),《자본주의에 출구는 있는가(資本主義に出口はあるか)》, 2019.
- 알렉스 커(アレックス・カー),《일본 순례(ニッポン巡礼)》, 2020.
- 야나기 무네요시(柳宗悦),《민예란 무엇인가(民藝とは何か)》, 1941.
- 야마모토 히데오(山本英夫)·이카자키 후미카즈(伊ケ崎文和)·야마다 마사하루(山田昌治),《지극히 순한 가루에 관한 책(トコトンやさしい粉の本)》, 2004.

시골빵집에서 균의 소리를 듣다

- 야마시마 데쓰모리(山嶋哲盛),《식용유가 뇌를 죽인다(そのサラダ油が脳と体を壊してる)》, 북퀘스트, 2014.
- 에이 로쿠스케(永六輔),《아름다운 외길 장인(職人)》, 지훈출판사, 2005.
- 오카다 모토하루(岡田幹治),《합성향료의 폐해(香害)》, 2017.
- 오카쿠라 덴신(岡倉天心),《차의 책(The Book of Tea)》, 산지니, 2009.
- 요시다 다로(吉田太郎),《씨앗과 내장(タネと内臓)》, 2018.
- 우와베 가즈마(上部一馬),《난치병을 치료하는 미네랄 요법(難病を癒すミネラル療法)》, 2009.
- 우치다 다쓰루(内田樹),《배움은 어리석을수록 좋다(修業論)》, 샘터, 2015.
- _____ , 편저,《상점가의 일한론(街場の日韓論)》, 2020.
- 우치야마 요코(内山葉子),《배 속 곰팡이가 질병의 원인이었다(おなかのカビが病気の原因だった)》, 2018.
- 이나바 도시로(稲葉俊郎),《게으름 피우는 몸(ころころするからだ)》, 2018.
- 이민진,《파친코 1, 2》, 문학사상, 2018.
- 이지치 노리코(伊地知紀子),《지워진 막걸리(消されたマッコリ)》, 2015.
- 이케다 요시아키(池田善昭) · 후쿠다 신이치(福岡伸一),《후쿠오카 신이치, 니시다 철학을 읽다(福岡伸一 西田哲学を読む)》, 2020.
- 조남주,《82년생 김지영》, 민음사, 2016.
- 진펑(金鋒),《유산균 혁명(乳酸菌革命)》, 2009.
- 찰리 파파지안(Charlie Papazian),《내 손으로 맥주 만들기 책(自分でビールを造る本)》
- 카를로 로벨리(Carlo Rovelli),《시간은 흐르지 않는다(L'ordine del tempo)》, 쌤앤파커스, 2019.
- 히미디 노부오(浜田信夫),《인류와 곰팡이의 역사(人類とカビの歴史)》, 2013.
- 하세가와 에이스케(長谷川英祐),《일하지 않는 개미(働かないアリに意義がある)》, 서울문화사, 2011.
- 하시다 아키라(端田晶),《대일본맥주의 탄생(大日本麦酒の誕生)》, 2016.
- 하시모토 준이치로(橋元淳一郎),《시간은 어디에서 탄생하는가(時間はどこで生まれるのか)》, 2006.
- 후지이 가즈미치(藤井一至),《흙의 시간(大地の五億年)》 눌와, 2017.
- 후지타 고이치로(藤田紘一郎),《40세부터는 빵은 주 2회 먹어라(40歳からはパンは週2にしなさい)》, 2017.
- _____ ,《이유도 모르는 병, '장 누수'를 의심하라!(隠れ病は「腸もれ」を疑え！)》, 2017.
- 후쿠오카 신이치(福岡伸一),《생물과 무생물 사이(生物と無生物のあいだ)》, 은행나무, 2008.
- _____ ,《동적평형(新版 動的平衡)》, 은행나무, 2010.
- 히라카와 가쓰미(平川克美),《21세기 타원환상론(21世紀の楕円幻想論)》, 2018.
- R. 제임스 브라이딩(R. James Breiding),《스위스 메이드(Swiss Made)》, 에피파니, 2021.

---

* 국내 출간 도서는 번역서의 제목과 원서명을 적었고, 미출간 도서는 본서《시골빵집에서 균의 소리를 듣다》원서에 표기된 대로 적었다.

시골빵집에서 균의 소리를 듣다

1판 1쇄 발행 2021년 11월 12일
1판 2쇄 발행 2022년 1월 5일

지은이 와타나베 이타루, 와타나베 마리코
옮긴이 정문주

발행인 김기중
주간 신선영
편집 정은미, 민성원, 이상희
마케팅 김신정, 김보미 **경영지원** 홍운선
펴낸곳 도서출판 더숲
주소 서울시 마포구 동교로 43-1 (우 04018)
전화 02-3141-8301~2 **팩스** 02-3141-8303
이메일 info@theforestbook.co.kr
페이스북·인스타그램 @theforestbook
출판신고 2009년 3월 30일 제 2009-000062호

ISBN 979-11-90357-83-8 03300

시골빵집에서 자본론을 굽다

와타나베 이타루 지음 | 정문주 옮김 | 14,000원

"작아도 진짜인 일을 하고 싶었다."
일본의 작은 시골빵집 주인이 일으킨 소리 없는 경제혁명

빵의 발효와 부패 사이에서 자본주의의 대안적 삶을 찾는 과
정을 그린 책. 일본 변방에 있는 작은 시골빵집 주인의 잔잔
하고 유쾌한 마르크스 강의를 통해 '작지만 진짜인 일'과 '부
패하고 순환하는 사회'의 가치를 깨우치다.

★ 2015 출판인들이 뽑은 숨어있는 최고의 책 1위!

★ 일본 아마존 사회·정치 분야 베스트셀러 1위

★ 조선·동아일보·경향·한겨레신문 선정 올해의 책(2014)

★ 교보 premium Book 숨겨진 좋은책 10 선정(2014)

★ 예스24 올해의 책 후보도서, 교보문고 선정 올해의 책

★ 행복한아침독서신문 추천도서(2015)

★ 「2017년 1318 책벌레들의 도서관 점령기」,
　2017년 청소년 추천도서(국립어린이청소년도서관)